*Walter Gropius em 1968
(Foto de Lúcio Gomes Machado)*

Bauhaus: Novarquitetura

Coleção Debates
Dirigida por J. Guinsburg

Equipe de Realização – Tradução: J. Guinsburg e Ingrid Dormien Koudela; Produção: Ricardo W. Neves e Sergio Kon.

walter gropius
BAUHAUS: NOVARQUITETURA

 PERSPECTIVA

Título do original
Em alemão: *Architektur*
Em inglês: *Scope of Total Architecture*

Copyright © by Harper & Row, Publishers Incorporated, New York

Dados Internacionais de Catalogação na Publicação (CIP)
(Câmara Brasileira do Livro, SP, Brasil)

Gropius, Walter, 1883-1969.
　　Bauhaus : novarquitetura / Walter Gropius ;
[tradução J. Guinsburg e Ingrid Dormien]. --
São Paulo : Perspectiva, 2015. -- (Debates ; 47 /
dirigida por J. Guinsburg)

　　4ª reimpr. da 6. ed. de 2001.
　　Título original: Architektur
　　ISBN 85-273-0123-7

　　1. Arquitetura moderna - Século 20. Bauhaus
2. Artes decorativas - Estudo e ensino - Alemanha
I. Guinsburg, J.. II. Título. III. Série.

04-6660　　　　　　　　　　　　　　　　　　CDD-720.943

Índices para catálogo sistemático:
1. Alemanha : Arquitetura moderna 720.943

6ª edição – 4ª reimpressão
[PPD]

Direitos reservados em língua portuguesa à
EDITORA PERSPECTIVA LTDA.

Av. Brigadeiro Luís Antônio, 3025
01401-000 – São Paulo – SP – Brasil
Telefax: (0--11) 3885-8388
www.editoraperspectiva.com.br

2019

À minha querida esposa
Ilse-Nova

SUMÁRIO

Homenagem a Walter Gropius —
G. WARCHAVCHIK 9
Prefácio 17
Introdução 19
1. Do Método 25
2. Minha concepção da idéia de Bauhaus 29
3. Existe uma ciência do "design"? 45
4. Plano de formação de arquitetos 79
5. Desenvolvimento inicial da moderna arquitetura 97

6. A arquitetura não é arqueologia aplicada 109
7. A Posição do arquiteto dentro de nossa sociedade industrial 117
8. O Arquiteto é servo ou líder? 131
9. CIAM (1928-1953) 139
10. As Bases sociológicas da habitação mínima para a população das cidades industriais .. 143
11. Construções baixas, médias ou altas? 157
12. Planejamento orgânico de unidades de vizinhança 173
13. Núcleo da cidade — centros comunitários 183
14. A indústria de casas pré-fabricadas 189
15. Uma saída para a calamitosa conjuntura da construção habitacional 199
16. Arquitetura total 205

HOMENAGEM A WALTER GROPIUS

Sobre a história deste homem que há poucas semanas atrás deixou de ser um dos maiores arquitetos vivos, já tanto se escreveu que se torna difícil retomar sua biografia, sem repetir o que já foi dito.

Entretanto, precisamente, o desaparecimento de Walter Gropius me faz, de imediato, nestas páginas que me foram oferecidas, voltar a refletir na sua grandiosa e comovedora experiência humana.

E com uma adicional circunstância. Além do longo conhecimento de sua obra, o trato pessoal que tive com o arquiteto eminente, período a acrescentar à admiração que em mim suscitara, esse contacto vivo, tornou-se mais revelador ainda, para mim, da impressionante figura de homem e de cidadão do mundo, que era Gropius.

Hospedamos, Mina Klabin Warchavchik e eu, em Guarujá, o casal Ise e Walter Gropius, e durante três dias de convivência, em nossa casa da Enseada, pudemos aquilatar bem de perto, na intimidade, da vida do criador da Bauhaus, e sua simplicidade sem afetação, de sua palestra ponderada e de seus pontos de vista tratados sempre num tom dialogal, que deixava o interlocutor à vontade, para ouvir e responder, como se aquele com quem tratávamos não fosse uma das mentalidades realmente dominantes de nosso tempo. Havia em sua palestra uma permanente disponibilidade.

Era assim Walter Gropius, um cidadão do mundo, um Homem que, nascido na Alemanha, fixado em metade de sua vida nos Estados Unidos, não dava a impressão de nos ser estranho, no Brasil... Porque Gropius possuía essa cativante simpatia, essa maneira de estabelecer uma convivência efetiva e cálida, em que nos sentíamos à vontade, e nos empolgava.

Tive, pois, a felicidade de ser hospedeiro de Walter Gropius no Brasil, o que para mim se me afigurou merecida circunstância dos nossos destinos, como, há mais de vinte anos antes, me acontecera receber em casa também a Le Corbusier.

Ele levou da Enseada, no Guarujá, uma recordação bastante feliz, pois foram dias de repouso e de recreio para seu espírito. Acabara de receber, então, na II Bienal de S. Paulo, a Bienal do Centenário, que foi a mais extraordinária das Bienais, a homenagem do Grande Prêmio de Arquitetura, criado pela Fundação Andréa e Virginia Matarazzo. Gropius estava naqueles dias nos seus setenta anos exatos, e era de admirar a sua extrema lucidez, a sua notável disposição física, a sua atenção infatigável sobre as coisas.

O golpe que, todos os que o admirávamos, tão recentemente recebemos, para mim agora se torna menos doloroso, neste momento de evocação, pois posso falar de Gropius, dizer do homem e de sua obra, novamente, o que, de toda forma, como a própria edição deste livro, representa uma continuidade de sua vida.

Essa vida foi a vida de um criador em todo o campo de sua atuação. Que tenha nascido em Berlim, feito tais e tais cursos de arquitetura, que tenha tido uma formação adequada para se tornar o Mestre que foi — tudo isso e mais os acidentes numerosos de uma época tumultuosa, incidindo em seu caminho, é ultrapassado, largamente, pela criação.

Não há dúvida de que as contingências, que cercaram a época em que se produziu aquela criação, deram-lhe motivações — porém, sua intervenção é decisiva e harmonizadora, no sentido do que queria Le Corbusier, quando reclamava, para o nosso mundo da era atômica, a existência de harmonizadores, capazes de recriá-lo, em transfigurações de formas e em verdade, em busca da felicidade humana. E por isto, as palavras postas por Walter Gropius nas primeiras linhas do prefácio deste livro servem de limiar à compreensão do seu compromisso. Elas referem, com efeito, que criação e amor da beleza são elementares para uma experiência da felicidade.

E está definida a vida de Walter Gropius, no que ela teve de essencial, como um idealismo expresso na obra do arquiteto e do Mestre. Pois se o arquiteto perseguia o sentido vivo da criação, onde quer que os programas de trabalho o requeressem, sua consciência contemporânea procurava modificar o ambiente, o habitat humano, oferecendo-lhe oportunidade de usufruir da vida em toda a plenitude. Esse o objetivo de uma tarefa de arquiteto, de organizador do espaço, desde que sua autonomia criadora começou a plasmar os seus projetos e a colocá-los no inventário da construção de nosso tempo.

Entretanto, para que se conheça inteiramente Walter Gropius, como criador, é preciso re-imaginar o que foi a Bauhaus.

Ao longo da história das "Deutscher Werkbund", a interrupção operada pela Primeira Guerra Mundial teria de desembocar num desenvolvimento maior. Mas aí temos de remontar a um passado mais amplo, falar de William Morris e de Henry van de Velde. De William Morris, que tem o seu nome ligado à Red House de Bexleyheath, a famosa "casa vermelha" de 1859, uma das datas primeiras da nova arquitetura; desse notável Morris de quem, ao lhe fazer o elogio, em Bruxelas, em 1898, dizia van de Velde que "foi um homem

11

como não existiu outro igual". De William Morris, que se prende a toda a história do desenho atual, como inspiração e como orientação antecipadora, e também de van de Velde, seu continuador, que mais do que Morris, realizou o esboço original da Bauhaus, ao ser contratado na Alemanha, em 1902. Numa informação pouco divulgada, e que se encontra na biografia de van de Velde lê-se: "O pintor Henry van de Velde, chamado a Weimar, atuará independentemente da Escola de Arte, como conselheiro artístico para a indústria e as artes industriais. Não estabelecerá *ateliers,* mas tem intenção de criar, para as indústrias locais, um *atelier* experimental de arte industrial, onde poderão ser desenhados novos modelos e ensaiar-se novos tipos de técnica".

Esse foi o berço da Bauhaus, pois van de Velde denominou seu *atelier* o "Seminário de Arte Industrial", de que em 1906 surgia a nova Escola de Arte Industrial de Weimar — e aí a matéria fundamental do ensino para os alunos do desenho era o modelado, ou melhor a resolução, no modelado, dos problemas das relações espaciais. O novo estilo deveria sair daí. A Primeira Guerra Mundial interrompeu os trabalhos de van de Velde na Alemanha, levou-o à Suíça e, posteriormente, à Holanda. Em 1918, ao terminar a guerra, van de Velde indica Gropius como o único nome na Alemanha que poderia ser seu sucessor.

Gropius, que estava ao par de toda a obra realizada por van de Velde, e cuja cultura humanística sempre se estendeu a todos os campos das artes, acabou assumindo a direção da Escola de Weimar, encorajado pelo grão-duque de Saxe-Weimar. Não contava porém com o ambiente de confusão que surgiria no após-guerra, na Alemanha, em que violentas forças extremadas e opostas se digladiavam. Não adiantara ter nascido em Weimar uma nova democracia européia. Em pouco tempo, a Bauhaus se viu vítima do reacionarismo imperante, e teve de transferir-se para Dessau, onde a municipalidade lhe ofereceu acolhida e pleno apoio.

Que foi a Bauhaus? A Bauhaus foi o sonho de uma Universidade de Arte, em que todas as sementes lançadas por Morris e van de Velde amadureceram pelas mãos de Gropius. Houve um momento em que o seu criador agrupou ali os nomes mais representativos de um "momento culminante" da história das artes do século XX. Pois houve um momento em que eram professores, na Bauhaus, Paul Klee, Gerhard Marks, Lyonel Feininger, Johannes Itten, Oskar Schlemmer, Wassily Kandinsky, Adolf Mayer, Lothar Schreyer, Georg Muche e Laszlo Moholy-Nagy, e alguns mais. Uma equipe de altitudes nas artes contemporâneas, como jamais se reuniram, como nunca mais houve oportunidade de ver reunidas, para um trabalho artístico e didático, plasmador de gerações a responderem pela convicção de que todos esses mestres se achavam imbuídos.

E quando se examina o quadro do currículo, dividido em sete materiais: pedra, madeira, metal, argila, vidro, cor, têxteis, servindo de instrução ao problema das formas, em três partes; observação, representação e composição; cabendo ao primeiro item o estudo da natureza, a análise dos materiais; ao segundo item a geometria descritiva, a técnica da construção, o desenho de projetos e a feitura de modelos para todas as modalidades de construção; e ao terceiro item, a teoria do espaço, a teoria da cor e a teoria do desenho; quando se pode resumir como acabamos de fazer, em poucas linhas, todo um programa didático, vê-se que é possível chegar a muitos resultados partindo de reduzidas objetivações de ensino. Mas acontecia que este ensino se produzia ao vivo, na matéria mesma, lidando com todos os materiais implicados na construção. E, paralelamente, se desenvolvia um programa cultural, de que apenas as técnicas do teatro experimental, o da nova tipografia, da tipografia e da pintura (com Herbert Bayer e Josef Albers, não citados acima), dão, em referência, uma pálida idéia. Pois ali se processavam técnicas e pesquisas que ainda hoje continuam sendo pesquisas e processamentos técnicos, como as montagens, a pintura sobre vidro, as construções espaciais aplicadas a superfícies, etc.

De 1919 a 1928 a direção de Gropius, primeiro em Weimar, depois em Dessau, foi uma garantia de criação cotidiana no âmbito da dinâmica escolaridade praticada. Naquele ano de 1928, recebíamos, aqui em S. Paulo, tapetes que encomendáramos na Bauhaus, e que pela primeira vez foram mostrados nas Américas, na Exposição de uma Casa Modernista, em 1930, casa que construí à rua Itápolis, 119. No catálogo que acompanha a história dessa exposição está mencionada essa contribuição, que fizemos inserir, da Bauhaus, na Casa Modernista do Pacaembu.

Infelizmente, era aquele o último ano da direção de Walter Gropius, na Bauhaus. A intolerância, que ia em maré montante na Alemanha, fê-lo afastar-se da escola que criara, e que continuou, com o mesmo programa, nas mãos, primeiro, de Hannes Mayer, e depois nas de Mies van der Rohe, até o dia da catástrofe, em 1933, quando o nazismo fechou a escola. Mies van der Rohe definiu melhor do que ninguém o que fôra a grande iniciativa até então: "Eu disse, declarou, que a Bauhaus era uma idéia. Essa, creio, a razão pela qual a Bauhaus exerceu uma influência tão grande, no mundo inteiro, em todas as escolas ciosas de progresso. Nem a organização, nem a propaganda poderão fazer uma coisa semelhante. Só uma idéia pode atingir uma tal envergadura".

A Bauhaus foi uma idéia, a genial idéia que, germinando em Morris, fertilizada por van de Velde, veio parar às mãos de Gropius, para completa frutificação. Por isso é o mais justo o título que se encontra na capa do livro precioso de Nikolaus Pevsner, ilustre professor da Secção de História de Arte da Universidade de Londres: "The pioneers of the Modern Movement: from Morris to Gropius".

E ao encerrar esse ciclo, ao desaparecer depois de Le Corbusier, Walter Gropius deixa a obra a continuar. Apenas se pode pedir atenção e cuidado no desenvolvimento dela.

Entretanto, o homem de quem nos ocupamos nesta introdução à edição brasileira de um seu livro, aquele que enfeixa, em vários capítulos, o seu grande pensamento estimulante, primeiro incluído numa coleção que sugestivamente, tinha o nome de "perspectivas do mundo", coleção em que encontramos nomes como os de Niels Bohr, de Jacques Maritain, de Robert Oppenheimer, esse homem, ainda teve incluídos em seu acervo de criação, de idéias notáveis e renovadoras, projetos para automóveis, para máquinas (o desenho da locomotiva Diesel de 1914 é atualíssimo), a concepção do 'teatro total", as construções coletivas, a pré-fabricação na arquitetura, a construção de habitações individuais, os edifícios de apartamentos "lamelliforme", que permite que todos os apartamentos sejam banhados pelo sol, eliminando a rua-corredor, a construção dos edifícios universitários, a inovação da estrutura urbana, e sobretudo, um princípio — Jamais abandonar a escala humana!

Até aqui Walter Gropius, na minha admiração. Quero, porém, para terminar, reproduzir as palavras de Pevsner, em seu estudo já citado, ao encerrar seu balanço admirável:

"Há qualquer coisa de sublime no domínio sem esforço do material e do peso, que ele, Gropius, consegue. Desde a Sainte-Chapelle ao coro de Beauvais, nunca a arte humana de construir triunfara desta maneira sobre a matéria. E contudo estes novos edifícios nada têm a ver com o gótico, são-lhe até radicalmente opostos. Enquanto no século XIII todas as linhas, embora funcionais, estavam submetidas à finalidade artística de apontar para o céu, para um limite extraterreno, e as paredes eram translúcidas para conferir uma transcendente magia às figuras santas do vidro colorido, agora as paredes de vidro são claras e sem mistério, o enquadramento do aço é rígido, e a sua expressão é inteiramente alheia a toda e qualquer especulação metafísica. A arquitetura de Gropius glorifica a energia criadora deste mundo em que vivemos e trabalhamos e queremos dominar, um mundo de ciência e de técnica, de velocidade e de perigo, de duras lutas, sem segurança pessoal, e enquanto o mundo continuar a ser assim e estes continuarem a ser seus problemas e ambições, o estilo de Gropius e dos outros pioneiros continuará a ser válido."

Gropius incorporou-se à arquitetura e à urbanística com sua vida dedicada à criação nesses campos da atividade técnica e artística, da organização do espaço para as funções humanas. De Morris a Gropius — em cento e dez anos que vão da casa vermelha de Bexley, de 1859, à morte este ano, do criador da Bauhaus — vivemos a grande aventura da criação do habitat para

15

o homem de hoje. Sobre o descanso eterno do velho Walter, a posteridade abre agora suas asas poderosas, garantia do que se fez imperecível nas jornadas dessa vida portentosa.

Agosto de 1969.

G. WARCHAVCHIK

PREFÁCIO

Amar e criar a beleza são as condições elementares da felicidade. Uma época que não o almeja permanece imatura visualmente; sua imagem é disforme e suas manifestações artísticas não são capazes de elevar-nos.

Desde a juventude eu tinha consciência da feiúra caótica do nosso moderno meio-ambiente artificial, quando comparado com a unidade e beleza das velhas cidades da época pré-industrial. No decurso de minha vida convenci-me cada vez mais de que o caminho comum dos arquitetos — atenuar a desarmonia do conjunto, construindo aqui e ali um edifício bonito — é insuficiente. Ao invés devemos buscar novos valores que estejam fundamentados no conteúdo do pensamento e da sensibilidade da nossa época.

Como alcançar uma tal unidade que constitua a expressão visível de uma verdadeira sociedade democrática — é o tema do presente livro. Baseia-se ele principalmente em artigos e conferências oriundos da minha atividade como diretor do Department of Architecture da Universidade de Harvard (1937-1952). *

WALTER GROPIUS

(*) A idéia de publicar este livro cabe à minha esposa Ilse, nascida Frank, que selecionou e redigiu o material de meus manuscritos.

INTRODUÇÃO *

No início de um novo período de minha vida — contrariamente às esperanças normalmente nutridas para a casa dos setenta — parece-me que ele será tão turbulento e perigoso quanto o anterior. A mim me parece que me transformei numa figura etiquetada. Designações como "estilo Bauhaus", "estilo internacional", "estilo funcional" quase chegaram a encobrir o homem que existe por trás destas noções. Daí por que me sinto levado a romper aqui e ali os lugares-comuns que me conferiram pessoas superzelosas.

(*) Palestra pronunciada pelo autor no seu septuagésimo aniversário, em maio de 1953, a convite do Illinois Institute of Technology em Chicago.

Quando pela primeira vez, em minha juventude, atraí o interesse público, fiquei decepcionado ao constatar que minha mãe se deprimiu com isso e não gostou de ver meu nome impresso. Hoje compreendo seus receios, porque sei que, na nossa era da impressão rápida e da catalogação, a *publicity* é colada ao indivíduo como a etiqueta à garrafa. Repetidas vezes sinto vontade de romper esta crosta para desvendar o homem escondido atrás dos rótulos ou das etiquetas.

Comunicaram-me que, no *campus* do hospital Michael Reese, em Chicago, onde fui conselheiro arquitetônico durante os últimos dez anos, será plantada uma árvore que levará meu nome. Desejo que nessa árvore pousem pássaros de várias cores e formas e que se sintam seguros nela. Não quero vê-la reservada apenas a espécimes raros, com penas quadradas ou linhas aerodinâmicas, com características internacionais ou plumagem Bauhaus. Desejo, em suma, que seja uma árvore hospitaleira, onde se ouçam muitos trinados, mas não o flautear artificial dos imitadores de aves.

Na infância, alguém me perguntou qual era a minha cor preferida. Anos a fio minha família zombou de mim porque, após alguma hesitação, respondi: "Minha cor preferida é o colorido". Minha vida caracterizou-se por uma forte necessidade de encampar todos os componentes vivos da existência, em vez de desligar partes em prol de uma visão por demais estreita e dogmática. Também por isso é que assisti com bastante desgosto às confusas batalhas de palavras que colocaram frente a frente os representantes das diversas escolas de arquitetura moderna. Em geral, tais escaramuças estéticas não provêm dos próprios arquitetos, e sim daqueles críticos egocêntricos de boa ou má fé, que, para apoio de suas próprias teorias estéticas ou políticas, causam muitos danos ao trabalho de pessoas criativas, sofismando expressões ou arrancando-as do seu contexto.

Em toda a minha vida, sempre observei que palavras e sobretudo teorias que a experiência não confirma podem causar mais desgraças do que ações. Quando cheguei aos Estados Unidos em 1937, agradou-me a tendência dos americanos em imediatamente testar na prática toda idéia recém-nascida. Deste modo, a nova criação não é sufocada, em seu nascedouro, por discussões exageradas e antecipadas sobre seu possível valor — um mau costume que destrói tantos esforços na Europa. Não se deve deixar perder-se esta louvável qualidade em favor de teorias destorcidas e briguinhas infrutíferas, principalmente numa época em que devemos desenvolver nosso poder e originalidade para manter ativos e eficazes os impulsos criativos, frente à ação destrutiva da mecanização e da superorganização que ameçam nossa sociedade.

Naturalmente, um espírito pesquisador se expõe a agressões de todos os lados, por causa da atitude que é obrigado a tomar quando abandona caminhos repisados. Há algum tempo, eu era tachado de "vermelho" pelos nazistas, de "expoente típico da sociedade capitalista", pelos comunistas, e de "estrangeiro" alheio ao modo de vida democrático, por alguns americanos. Todas estas designações dirigidas à mesma pessoa mostram a confusão que pode ocasionar, em nosso tempo, um indivíduo que só pretende expressar sua própria convicção. Hoje, olho para estas tempestades passadas de minha vida com a distância que se conquista com a experiência. Sei que as fortes correntezas de nosso tempo poderiam ter afundado meu barco com a máxima facilidade, se eu não pudesse confiar em minha própria bússola.

Decerto não pretendo dar a impressão de querer distanciar-me da tarefa comum que é a de cuidar para que não se perca o controle da maquinaria do progresso, que foi criada por nossa época e está prestes a deitar por terra a nossa vida. Quero dizer que o mau uso da máquina produziu um espírito de massa, mortal para a alma, nivelador da diversidade da expressão individual e da independência de pensamento e ação. A diversidade é a fonte vital de uma verdadeira democracia. Mas os fatores de conveniência, assim como as técnicas de venda inescrupulosa, a superorganização e o "fazer dinheiro" como fim último, sem dúvida, diminuem a capacidade do indivíduo de procurar as possibilidades mais profundas da vida.

A democracia baseia-se na interação de dois fenômenos de vida contrastantes: de um lado, necessidade da diversidade de conceitos resultante da produção individual intensiva; de outro lado, necessita de um denominador comum na forma de expressão, resultante das experiências somadas de muitas gerações que pouco a pouco expulsam o puramente arbitrário em favor do essencial e típico. Por mais incompatíveis que essas duas manifestações possam parecer, sua fusão pode e deve ser conseguida, pois do contrário nos tornaremos autômatos.

Certa vez um membro da Corte Suprema dos Estados Unidos falou sobre a essência dos métodos de processamento democrático. Achei muito interessante ouvi-lo definir tais métodos como "fundamentalmente, um caso de *graduação correta*". Sua assertiva não se baseava em princípios abstratos de justiça ou injustiça. Desejava antes examinar cada causa em suas circunstâncias específicas e proporções relativas, pois era de opinião que dependia da sanidade da estrutura social em conjunto, e o que hoje é determinante amanhã poderá ser contingente e vice-versa, já que as premissas se transformam sempre.

Aguçar o sentido para o equilíbrio prático e moral é uma tarefa que cada um de nós tem de desenvolver por si em sua vida. Quando, por exemplo, acusamos a técnica e a ciência de haverem destruído nossas concepções tradicionais do belo e da "felicidade de viver", faríamos melhor se reconhecêssemos que não é o excesso perturbador dos meios técnicos de produção em massa que determina o curso das coisas, mas que êste depende da morosidade ou presteza de nossos pensamentos. Assim a nossa geração produziu verdadeiros horrores de conjuntos habitacionais regimentados, os quais, embora erigidos em bases artesanais, podem facilmente concorrer na sua mórbida monotonia com aqueles malogrados sistemas de pré-fabricação, que em lugar de desdobrarem apenas as partes componentes (o que manteria a flexibilidade) multiplicam industrialmente uma mesma casa. Aqui a culpa não cabe à ferramenta, mas sim ao modo errôneo de pensar. A arte de saber precisamente até que ponto cumpre conter ou estimular os instintos individuais, reforçar ou dominar as correntes gerais, é aparentemente privilégio de alguns poucos sábios, cuja direção espiritual — hoje mais do que nunca — podemos dispensar. Nenhuma outra geração defrontou-se com um panorama tão vasto de tendências antagônicas como a nossa, e o nosso pendor para a superespecialização não é uma arma muito boa para vencer esta contradição. A arquitetura produzida por nosso tempo mostrará impiedosamente até que ponto conseguimos ser fiéis à estrutura social em desenvolvimento — da qual fazemos parte — sem com isso perder nossa individualidade viva.

Gostaria no mínimo de destruir uma das falsas etiquetas com que eu e outros fomos rotulados: não há "estilo internacional", a não ser que se queira designar com isto certas conquistas técnicas universais de nossa época, que pertencem ao equipamento intelectual de toda nação civilizada, ou então se pretenda caracterizar com o rótulo aqueles exemplos anêmicos do que eu chamo "arqueologia aplicada". Encontramo-los nos edifícios públicos de Moscou, Madri e Washington. Esqueletos de aço ou concreto armado, fachadas envidraçadas, lajes, lajes suspensas ou alas apoiadas sobre colunas são apenas meios de expressão impessoais modernos, por assim dizer, o material bruto com o qual diferentes manifestações arquitetônicas regionais podem ser criadas. As conquistas do gótico — suas abóbadas, arcos, botaréus, torres ogivais — também se converteram em meios de expressão internacional. No entanto, quão grande diversidade regional surgiu na expressão arquitetônica em sua aplicação nos diversos países!

Posso dizer, por experiência própria, que, na construção de minha primeira casa nos Estados Unidos — e era a minha própria — procurei incorporar características da tradição arquitetônica da Nova Inglaterra, que aceitava como ainda vivas e adequadas, à minha concepção pessoal. Essa fusão do *genius loci* com minha concepção de construção moderna deu origem a uma casa que na Europa, por causa das condições climáticas, térmicas e psicológicas totalmente diversas, eu jamais teria construído.

Tentei resolver o problema da mesma forma como os antigos construtores dessa região, os quais, com as melhores possibilidades técnicas a seu dispor, erigiam prédios simples, de linhas nitidamente definidas, capazes de enfrentar os rigores do clima e adequados aos hábitos de vida da época.

Nossa incumbência atual parece ser a de descobrir quais os traços de nossa gigantesca civilização industrial que incorporam os melhores e mais duradouros valores e, por isso, devem ser cultivados como o núcleo essencial de uma nova tradição. A capacidade para diferenciar corretamente valores culturais só pode desenvolver-se, sem dúvida, por meio de uma educação que se aprimore constantemente. Uma das principais tarefas que cabe a nós, arquitetos, no campo da educação cultural, seria a de apontar e precisar novos valores que nos compete peneirar dentre as numerosas tendências que surgem e desaparecem no caos da moda e do processo de produção em massa, o qual não compreendeu ainda que as inovações, em si, não significam também, necessariamente, melhorias. Em meio a uma produção imensa e a uma oferta quase ilimitada de mercadorias e objetos de toda espécie, não podemos esquecer que os critérios culturais só podem ser adquiridos por meio de um processo de seleção, que procure o essencial e o típico. Esta limitação voluntária não gera de modo algum a monótona uniformidade mas possibilita a muitos indivíduos contribuir com sua própria variação individual para um tema comum e, assim, dar novamente ao nosso meio-ambiente a unidade de expressão que perdêramos no início da era da máquina. Então, os dois opostos — variedade individual e reconhecimento de um denominador comum a todos — hão de, mais uma vez, harmonizar-se.

1. DO MÉTODO *

Não é meu propósito introduzir aqui, vindo da Europa, um "estilo moderno", por assim dizer inteiramente pronto e acabado, mas, sim, um método de abordagem que nos permita tratar um problema de acordo com suas condições peculiares. Quero que o jovem arquiteto seja capaz de encontrar seu próprio caminho, quaisquer que sejam as circunstâncias, que ele crie independentemente formas autênticas, a partir de condições técnicas, econômicas e sociais a ele dadas, em vez de impor uma fórmula aprendida a um ambiente que talvez exija uma solução completamente diversa.

(*) De um artigo que o autor escreveu no princípio de sua atividade didática como professor de Arquitetura na Universidade de Harvard, em maio de 1937, para "The Architectural Record".

Não pretendo ensinar um dogma acabado, mas, sim, uma atitude perante os problemas de nossa geração, uma atitude despreconcebida, original e maleável. A idéia de que minha nomeação para uma cadeira de ensino poderia resultar na imitação superficial de uma concepção fixa de "arquitetura Gropius" me é repelente. É antes meu desejo esclarecer aos moços quão inexauríveis meios estão a seu dispor sob a forma dos incontáveis produtos de nossa época e encorajá-los a achar suas próprias soluções.

Fiquei muitas vezes decepcionado pelo fato de as pessoas me perguntarem somente sobre a técnica e os truques dos meus trabalhos, enquanto que meu interesse preponderante era o da transmissão de minhas experiências e do método que as sustentava. É possível alcançar por certo, em relativamente pouco tempo, determinado êxito, apropriando-se de técnicas e truques; mas tais resultados permanecem superficiais e insatisfatórios, pois deixam sempre o estudante desamparado em situações novas e inesperadas. Se ele não foi treinado a ter uma perspectiva do desenvolvimento orgânico, nenhum conhecimento e aplicação de motivos modernos, por mais elaborados que sejam, podem capacitá-lo a realizar um trabalho criativo.

Minhas idéias foram amiúde interpretadas como se ficassem apenas na racionalização e mecanização. Isto dá um quadro inteiramente falso de meus esforços. Sempre acentuei também o outro aspecto da vida, no qual a satisfação das necessidades psíquicas é tão importante quanto a das materiais, e no qual o propósito de uma nova concepção espacial é algo mais do que economia estrutural e perfeição funcional. O lema "o prático também é bonito" só é real pela metade. Quando é que dizemos que um rosto humano é belo? As partes de cada rosto servem a um fim, mas somente quando são perfeitas em forma, cor e harmonia, o rosto merece o título honorífico de "belo". O mesmo vale para a arquitetura. Somente a harmonia completa nas funções técnico-práticas assim como nas proporções das formas pode suscitar beleza. E é o que torna nossa tarefa tão diversificada e complexa.

Mais do que nunca, está nas mãos do arquiteto ajudar nossos contemporâneos a levarem novamente uma vida ligada à natureza, significativa, e protegê-los das falsas aparências e imitações. Só poderemos corresponder a essa exigência, se atacarmos nossos problemas de maneira corajosa e na mais ampla frente possível. *Boa arquitetura deve refletir a vida da época. E isto exige conhecimento íntimo das questões biológicas, sociais, técnicas e artísticas.* Mas mesmo isso ainda não é suficiente. Para que todos esses ramos diferentes da atividade humana formem de novo uma unidade, são necessários caracteres fortes, e aqui terminam em parte os nossos meios de educação. Não obstante, o nosso objetivo mais nobre é o de criar um tipo de homem que seja capaz de ver a vida em sua totalidade, em vez de perder-se muito cedo nos canais estreitos da especialização. Nosso século produziu milhões de especialistas; deixem-nos agora dar a primazia ao homem de visão.

2. MINHA CONCEPÇÃO DA IDÉIA DE BAUHAUS *

Meta

Se antes da guerra de 14 eu já encontrara o meu próprio ponto de vista dentro da arquitetura — como provam o edifício Fagus de 1911 e a exposição do Kölner Werkbund de 1914 — tornei-me inteiramente cônscio, com base em reflexões pessoais, de minha responsabilidade como arquiteto, em conseqüência da Pri-

(*) Cf. Gropius, *The New Architecture and the Bauhaus*, Londres, Faber & Faber; 1935, Gropius, "Education towards creative Design", Nova York, maio de 1937, *American Architect and Architecture*. "The Gropius Symposium", em *The American Academy of Arts and Sciences, Arts and Architecture*, Califórnia, 1952.

meira Guerra Mundial, em cujo transcurso minhas idéias teóricas tomaram forma pela primeira vez.

Após a brutal interrupção, todo indivíduo pensante sentia necessidade de uma mudança intelectual de linha. No seu campo de atividade específica, cada qual tentava contribuir a fim de que fosse transposto o abismo entre realidade e idealismo. Entrevi então pela primeira vez quão imensa era a missão que devia cumprir um arquiteto de minha geração. Achava que, antes de tudo, era mister demarcar novamente a meta e o campo de atividade do arquiteto, uma tarefa que eu, no entanto, não podia esperar realizar com minha própria contribuição arquitetônica; isso só seria alcançado com o preparo e a formação de uma nova geração de arquitetos em contato íntimo com os modernos meios de produção, em uma escola pioneira, que deveria conquistar uma significação de autoridade.

Compreendi que era preciso uma equipe inteira de colaboradores e assistentes, homens que não trabalhassem como um conjunto orquestral, que se curva à batuta do maestro, e sim independentemente, ainda que em estreita cooperação, a serviço de um objetivo comum. Assim tentei transferir o centro de gravidade de meu trabalho para a integração e coordenação, incluir tudo sem excluir nada; pois sentia que o bom da arquitetura repousa no labor harmônico e conjunto de um grupo de colaboradores ativos, cuja cooperação corresponde ao do organismo a que chamamos sociedade.

Assim em 1919 foi inaugurada a Bauhaus. Seu escopo específico era concretizar uma arquitetura moderna que, como a natureza humana, abrangesse a vida em sua totalidade. Seu trabalho se concentrava principalmente naquilo que hoje se tornou uma tarefa de necessidade imperativa, ou seja, impedir a escravização do homem pela máquina, preservando da anarquia mecânica o produto de massa e o lar, insuflando-lhes novamente sentido prático e vida. Isto significa o desenvolvimento de objetos e construções projetados expressamente para a produção industrial. Nosso alvo era o de eliminar as desvantagens da máquina, sem sacrificar nenhuma de suas vantagens reais. Procuramos criar padrões de qualidade, e não novidades tran-

Fábrica Fagus (1911)

Exposição do Werkbund (1914)

sitórias. A experimentação tornou-se, uma vez mais, o centro da arquitetura; e isto requer um espírito aberto e coordenante, e não o tacanho e limitado especialista.

O que a Bauhaus propôs, na prática, foi uma comunidade de todas as formas de trabalho criativo, e em sua lógica, interdependência de um para com o outro no mundo moderno. Nosso princípio orientador era o de que o nosso impulso plasmador não era um caso intelectual nem material, mas simplesmente parte integral da substância vital de uma sociedade civilizada. Nossa ambição consistia em arrancar o artista criador de seu distanciamento do mundo e restabelecer sua relação com o mundo real do trabalho, assim como relaxar e humanizar, ao mesmo tempo, a atitude rígida, quase exclusivamente material, do homem de negócios. Nossa concepção sobre a unidade fundamental de toda criação no tocante ao mundo em si opunha-se diametralmente à idéia de *l'art pour l'art* e à filosofia ainda mais perigosa da qual se originava, isto é, a do negócio como uma finalidade em si.

É da apaixonada participação nesses debates que deriva o interesse vivo da Bauhaus pelo processo de configuração de produtos técnicos e pelo desenvolvimento orgânico de seus processos de manufatura. Isto levou ao falso conceito de que a Bauhaus constituía uma apoteose do racionalismo. Na verdade, estávamos muito mais ocupados em explorar e fixar o território que é comum às esferas técnicas e formais, em estipular onde ficam seus limites. Estandardização da maquinaria prática da vida não significa robotização do indivíduo, mas, pelo contrário, alívio de um lastro supérfluo de sua existência, para que ele possa desenvolver-se mais livremente em um nível superior. Com demasiada freqüência, porém, nossas pretensões reais foram mal compreendidas, e ainda hoje o são, isto é, ainda se interpreta o movimento Bauhaus como uma tentativa de criar um estilo e ainda se vê, em cada construção e em cada objeto que não exibam ornamentos e não se apoiem em um estilo histórico, exemplos desse imaginário "estilo Bauhaus". Isto é exatamente o oposto daquilo que pretendíamos. *A meta da Bauhaus não consistia em propagar um "estilo" qual-*

quer, mas sim em exercer uma influência viva no "design" (gestaltung). Um "estilo Bauhaus" significaria recair no academismo estéril e estagnado, contra o qual precisamente criei a Bauhaus. Nossos esforços visavam a descobrir uma nova postura, que deveria desenvolver uma consciência criadora nos participantes, para finalmente levar a uma nova concepção de vida. Que eu saiba, a Bauhaus foi a primeira instituição do mundo que ousou apresentar este princípio em um programa de ensino definido. A formulação desse programa foi antecedida de uma análise das condições de nossa era industrial e de suas correntes básicas.

Liceus de Artes e Ofícios

Quando, no século passado, a produção industrial inundou paulatinamente o mundo, deixando artesãos e artistas em má situação, começou pouco a pouco uma reação natural contra a ausência da boa forma e da qualidade. Ruskin e Morris foram os primeiros que se colocaram contra a corrente, mas sua oposição à máquina em si não podia estancar a enchente. Só bem mais tarde, algumas personalidades, que almejavam o desenvolvimento da forma, reconheceram nesta confusão que arte e produção só voltariam a harmonizar-se de novo quando também a máquina fosse aceita e posta a serviço do *designer*. "Escolas de artes e ofícios para artes aplicadas" desenvolveram-se — principalmente na Alemanha — mas a maioria só pôde desincumbir-se de seus propósitos pela metade, já que a formação era muito superficial e, do ponto de vista técnico, demasiado diletante, para lograr progressos reais. A indústria continuou a lançar no mercado um sem-número de produtos mal enformados, enquanto que os artistas lutavam em vão para aplicar projetos platônicos. A deficiência consistia em que nenhum dos dois conseguia penetrar suficientemente no campo do outro, para atingir uma fusão efetiva dos esforços mútuos.

O artesão, por outro lado, tornara-se com o correr do tempo um apagado decalque daquele vigoroso e autônomo representante da cultura medieval, que dominara toda a produção de seu tempo e que era técnico, artista e comerciante em uma só pessoa. Sua oficina transformou-se pouco a pouco em uma loja, o processo de trabalho escapou-lhe da mão, e o artífice converteu-se em comerciante. O indivíduo, a natureza plena, privado da parte criativa de seu labor, atrofiou-se em uma natureza parcial, incompleta. O artesão perdeu pois, também, sua capacidade de formar discípulos; os jovens aprendizes emigraram gradualmente para as fábricas. Ali a mecanização embotou seus instintos criativos e tirou-lhes a alegria do próprio trabalho; seu impulso para aprender desapareceu rapidamente.

A diferença entre Artesanato e Trabalho Mecanizado

Qual a razão desse processo de entorpecimento? Qual a diferença entre artesanato e trabalho maquinizado? *A diferença entre indústria e artesanato reside menos na diversidade das ferramentas de produção do que na divisão de trabalho na indústria em face do controle indiviso dos processos de trabalho no artesanato.* A limitação forçada da iniciativa pessoal é o perigo cultural ameaçador da atual forma da economia. O único remédio está em uma atitude diferente para com o trabalho, que parta do reconhecimento racional de que o progresso da técnica mostrou como uma forma de trabalho coletivo pode conduzir a humanidade a uma produção total maior do que um trabalho autocrático de cada indivíduo. Isso não reduz o poder e o significado da produção individual. Pelo contrário, quando se dá à iniciativa individual o lugar que ela merece no âmbito do trabalho conjunto, o efeito prático será até de incremento. Tal atitude não mais considera a máquina como um meio puramente econômico, pelo qual o maior número possível de artesãos é poupado e expulso do mercado, nem como um instrumento para a imitação do produto artesanal, mas antes como um instrumento que deve aliviar o homem das mais pesadas fainas corporais e servir para potenciar sua mão na tarefa de plasmar seus impulsos criativos. O fato de ainda não dominarmos suficientemente nossos meios de produção e, por causa disso, sofrermos

Bauhaus: Marianne Brandt (1924)

Bauhaus: Wilhelm Wagenfeld e W. Rossger e Friedrich Marby (1924)

Bauhaus: Marcel Breuer (1922)

ainda sob a sua ação, não pode naturalmente ser argumento contra sua necessidade. O problema principal consistirá em encontrar a distribuição mais efetiva das energias criativas no quadro da produção conjunta. O tipo de artesão inteligente do passado será responsável no futuro por preparações especulativas na produção de artigos industriais. Em vez de desperdiçar suas capacidades em um processo de multiplicação puramente mecânico, dar-lhes-á aplicação no trabalho experimental de laboratório e no desenvolvimento de ferramentas. Seu campo de atuação tornar-se-á parte orgânica da unidade de produção da indústria. No momento o jovem artesão é obrigado muitas vezes, por razões econômicas, a ganhar o pão como operário fabril ou a transformar-se em órgão executivo das idéias platônicas de outros, isto é, dos *designers*. Nos dois casos, não consegue solucionar seu problema pessoal. Com a ajuda do artista, produz artigos que nos mostram apenas nuanças decorativas de tendência cambiantes de gosto, mas que, a despeito de uma certa qualidade, não mostram um progresso mais aprofundado no sentido do desenvolvimento estrutural, que brota do conhecimento dos novos meios de produção.

O que devemos pois fazer a fim de preparar à geração vindoura uma via mais rica em perspectivas para a sua futura profissão de *designer,* artesão e arquiteto? Que institutos de formação devemos organizar para descobrir o homem de talento artístico e equipá-lo mediante profundo treino espiritual e artesanal para o trabalho criativo, independente, no seio do processo de produção industrial? Somente em casos isolados foram criados institutos de formação cuja meta era a de gerar esse novo tipo de colaborador industrial, que reúna em sua pessoa as peculiaridades do artista, do técnico e do homem de negócios. Uma tentativa assim de retomar contato com a produção industrial e formar jovens quer no trabalho artesanal e mecânico quer no projeto.

Formação Bauhaus: Cursos Preparatórios

Era objetivo da Bauhaus formar pessoas com talento artístico para serem *designers* na indústria, artesãos, escultores, pintores e arquitetos. Servia de base um bem organizado adestramento manual, tanto do ponto de vista técnico como formal, tendo por meta o trabalho em equipe na construção. O fato de o homem de hoje estar desde o princípio por demais entregue à tradicional formação especializada — que só lhe pode transmitir saber especializado, mas não lhe torna compreensível o sentido e a razão de seu trabalho, nem sua relação do mundo como um todo — foi enfrentado pela Bauhaus mediante a ênfase, no primeiro plano da formação, não apenas e desde o início na profissão, mas no ser humano, em sua disposição natural de entender a vida como totalidade. A base dessa formação era um curso preparatório no qual o aluno entrava em contato com experimentos sobre proporção e escala, ritmo, luz, sombra e cor. O curso preparatório permitia-lhe ao mesmo tempo passar por toda fase da experiência primitiva com materiais e instrumentos de toda espécie e assim encontrar no quadro de seus dotes naturais o lugar em que pudesse movimentar-se com segurança. Essa formação de seis meses tinha por fim desdobrar e amadurecer a inteligência, o sentimento e a fantasia, e visava a desenvolver o "homem inteiro" que, a partir de seu centro biológico, pudesse encarar todas as coisas da vida com segurança instintiva e que estivesse à altura do ímpeto e do caos de nossa "Era Técnica". A censura de que uma formação tão geral, em nosso mundo de economia industrial, constitui um extravagante desperdício de tempo, não é, na minha opinião e experiência, sustentável. Ao contrário, ficou provado que ela, não apenas proporciona maior confiança no aluno, mas também aumenta consideravelmente a produtividade e a rapidez de seu ulterior treinamento especializado. Só quando se desperta nele desde cedo larga compreensão para as cambiantes relações dos fenômenos da vida que o cercam, poderá ele oferecer uma contribuição própria ao trabalho criativo de seu tempo.

Visto que tanto o futuro artesão quanto o futuro artista eram submetidos, na Bauhaus, à mesma formação básica, esta base tinha de ser tão ampla que cada talento pudesse encontrar seu próprio caminho. A estrutura concêntrica da formação toda incluía desde o começo todos os componentes essenciais do projeto e da técnica, para que o aluno dispusesse de uma perspectiva imediata do campo total de sua atividade futura. A seguir, a formação posterior apenas continuava este curso no sentido da ampliação e do aprofundamento. Ela se diferenciava da "formação preparatória" elementar tão-somente em dimensão e minúcia, mas não no essencial. A instrução na moldagem da forma principiava ao mesmo tempo que os primeiros exercícios com material e ferramentas.

A Linguagem Visual

Além de receber uma formação técnica e artesanal, o *designer* * deve aprender uma linguagem da forma a fim de poder exprimir suas idéias visualmente. Ele precisa adquirir conhecimento dos fatos científicos em óptica, isto é, base teórica que venha guiar a mão plasmadora e fornecer uma base objetiva em que um certo número de indivíduos possa trabalhar em conjunção harmoniosa. Essa teoria não é naturalmente nenhuma receita para a produção de obras de arte, porém o meio objetivo mais importante para a realização de qualquer trabalho de *design* em grupo. Pode-se expressá-lo melhor por um exemplo da música: a teoria do contraponto ainda é, embora tenha talvez com o correr do tempo se sujeitado a certas mudanças, um sistema supra-individualista para a coordenação do mundo tonal. Se não se quiser que a idéia musical afunde no caos, é necessário o domínio do contraponto, pois a liberdade na criação não repousa na ilimitação de meios formais e expressivos, mas sim no movimento livre dentro de uma limitação estritamente regular. A academia, cuja tarefa foi desde o princípio (quando ainda era uma força vital) a de desenvolver esta teoria para as artes visuais, malogrou porque perdeu o contato com a realidade. Por isso foram efetuados estudos intensivos na Bauhaus a fim de se descobrir a gramática da plasmação da forma, a fim de transmitir aos estudantes um conhecimento objetivo sobre os fatos ópticos, tais como proporção, ilusões ópticas e cores.

(*) Traduziremos *Gestalter* pela forma inglesa *designer*. (N. do T.)

O cuidadoso cultivo e a exploração posterior dessas leis da natureza contribuíram mais para continuar a autêntica tradição do que qualquer ensino na imitação de formas e estilos antigos.

Formação na Oficina

Cada estudante da Bauhaus tinha de trabalhar, no curso de sua formação, em uma oficina por ele escolhida, depois de haver concluído com êxito o preparatório. Ali estudava ao mesmo tempo com dois mestres, um de artesanato e outro de *design*. Era preciso que passasse por dois professores diferentes, pois não havia artesãos que possuíssem suficiente fantasia para dominar problemas artísticos, nem artistas que possuíssem suficientes conhecimentos técnicos para dirigirem uma seção de oficinas. Cumpria formar primeiro uma nova geração capaz de reunir as duas qualidades. Somente anos mais tarde a Bauhaus pôde confiar a direção das oficinas a ex-alunos, agora já dotados de bastante experiência técnica e artística; assim a divisão entre mestres da forma e mestres da técnica se tornou supérflua.

A formação artesanal nas oficinas da Bauhaus não constituía um fim em si, mas um meio de educação insubstituível. A meta dessa formação era produzir *designers*, que por seu conhecimento exato do material e dos processos de trabalho estivessem em condições de influir na produção industrial de nosso tempo. Por isso tentamos criar modelos para a indústria, que não eram apenas projetados na Bauhaus, mas efetivamente produzidos em suas oficinas. A meta principal era o projeto de artigos *standard* para uso diário. As oficinas eram sobretudo laboratórios, onde modelos para tais produções eram cuidadosamente desenvolvidos e constantemente melhorados. Embora esses modelos fossem feitos à mão, os projetistas tinham de fiar-se nos métodos de produção em escala industrial, e por isso, a Bauhaus enviou seus melhores alunos, durante a formação, para um certo período de trabalho prático nas fábricas. Inversamente, das fábricas vinham às oficinas da Bauhaus trabalhadores experientes, a fim de discutir com os professores e estudantes as necessidades da indústria. Desse modo surgiu uma influência recíproca, que encontrou expressão em produções valiosas, cuja qualidade técnica e artística foi reconhecida igualmente pelo produtor e consumidor.

O Desenvolvimento dos Tipos Padrões

A criação de tipos padrões para artigos de uso diário é um imperativo social. O produto *standard* não é de modo algum uma invenção de nossa era, apenas os meios de produção é que diferem hoje em dia. A existência de produtos padrões sempre caracteriza o apogeu de uma civilização, uma seleção de qualidade e uma separação entre o pessoal e ocasional e o essencial e suprapessoal. Hoje mais do que nunca é preciso compreender o significado básico da expressão *standard* de um modo bastante profundo para tomá-la como um título cultural honroso, e é preciso opor-se à propaganda superficial e arrasadora, que indiscriminadamente eleva todo produto industrial em série à categoria de produto *standard*.

A Bauhaus atribuía especial valor, em seu trabalho conjunto com a indústria, à tarefa de levar os alunos a um contato íntimo com os problemas econômicos. Oponho-me à idéia errônea de que a capacidade artística dos estudantes possa de algum modo sofrer, se lhes aguçarmos o senso de economia, tempo, dinheiro e gasto de materiais. Cumpre, naturalmente, diferenciar entre a experiência de laboratório, que dificilmente admite prazos temporais e semelhante trabalho de produção, que deve ser terminado em determinado momento; isto é, entre o processo criativo da invenção de um modelo e o processo técnico de sua produção em massa. Não é possível encomendar idéias criativas; não obstante é preciso instruir o projetista de um modêlo no julgamento de métodos econômicos, com os quais seu modelo será mais tarde fabricado na linha de produção em série, mesmo que o tempo e o gasto de materiais durante o projeto e execução do modelo desempenhem apenas um papel subordinado.

Toda a estrutura da instrução dada na Bauhaus mostra o valor educacional que foi atribuído a proble-

41

mas práticos, os quais forçam de fato o estudante a vencer finalmente todas as dificuldades internas e externas. O trabalho em conjunto para a execução de encomendas, que o mestre aceitara, era uma das características mais interessantes da formação do artesanato na Idade Média. Por isso procurei obter encomendas práticas para a Bauhaus, nas quais tanto mestres quanto discípulos poderiam comprovar suas idéias. Principalmente a construção da sede de nosso instituto em Dessau, em que a Bauhaus na totalidade, com todas suas oficinas, cooperou, representou uma tarefa ideal. A aplicação prática, nessa construção, de muitos modelos novos confeccionados em nossas oficinas, convenceu de tal modo os industriais, que diversos contratos em bases percentuais foram firmados com a Bauhaus, contratos que, com a crescente aceitação dos produtos, se tornaram valiosa fonte de renda. O sistema de trabalho prático obrigatório resultou ao mesmo tempo na possibilidade de pagar aos alunos — mesmo no decurso dos três anos de sua formação — pelos artigos e modelos vendáveis que houvessem elaborado. Tal método deu a muitos estudantes capazes uma base de subsistência.

Após três anos de instrução no campo do artesanato e da projeção, o estudante prestava um exame não só perante os mestres da Bauhaus mas também perante os mestres da câmara artesanal, para receber sua carta de oficial. Para os que quisessem prosseguir nos estudos, a terceira fase consistia no aprendizado da construção. Estágio em canteiros de obras, experiência prática com novos materiais de construção, cursos de desenho técnico e de engenharia, ministrados juntamente com os de projeto, levavam ao diploma de Mestre da Bauhaus. Na prática, os estudantes se tornavam então arquitetos, desenhistas, projetistas, industriais, professores, dependendo de suas aptidões pessoais. A meticulosa formação artesanal nas oficinas servia de preciosa bagagem àqueles alunos que não conseguiam penetrar nas difíceis e extensas tarefas da profissão de arquiteto. O ensino gradativo e diversificado da Bauhaus habilitava-os a se concentrarem precisamente na espécie de trabalho que melhor combinasse com suas capacidades.

Era essencial para o trabalho da Bauhaus o fato de que no correr do tempo todas as produções denotassem certo parentesco: constituía o resultado de um espírito coletivo desenvolvido conscientemente, que se cristalizara não obstante as personalidades e individualidades mais diversas. Esse parentesco não se baseava em particularidades estilísticas externas, mas antes no esforço de produzir coisas de um modo simples, autêntico, e em concordância com suas leis. As formas que os produtos Bauhaus assumiram não são pois resultado de uma moda, mas sim de uma combinação artística e de inúmeros processos de pensamento e trabalho no domínio técnico, econômico e da criação formal. O indivíduo sozinho não pode alcançar essa meta; só na cooperação de muitos é possível achar aquela solução que transcende o individual e permanece válida por anos a fio.

O Professor Criativo

O êxito de qualquer idéia depende da personalidade dos responsáveis por sua execução. A escolha do professor adequado é decisiva para os resultados que um instituto de formação visa a obter. As características humanas são até mais decisivas do que o conhecimento técnico e o talento; pois do caráter do mestre depende o sucesso fecundo do trabalho em conjunto com a juventude. *Quando se deseja ganhar para um instituto homens de capacidades artísticas extraordinárias, é preciso dar-lhes desde o princípio tempo e espaço para que possam fomentar, nas mais amplas bases, seu desenvolvimento pessoal através do trabalho privado.* O simples fato de que tais pessoas continuem a levar adiante seu próprio trabalho no instituto produz aquela atmosfera criativa em que jovens talentos podem desenvolver-se, e que é tão imprescindível numa escola superior de *design*. Este é o pressuposto principal a que devem submeter-se todas as outras questões organizacionais. Nada é mais mortífero para uma escola superior desta natureza que o professor compelido ano após ano a consagrar todo seu tempo ao ensino. Mesmo os melhores se cansam dessa roda-viva e calcificam-se ineludivelmente com os anos. *Na verdade, a arte não é um ramo da ciência que possa ser aprendida passo a passo em um livro.* Só é possível intensificar o talento artístico inato quando a pessoa toda é influenciada pelo exemplo do mestre e por seu trabalho. Os fatos técnicos e científicos podem ser aprendidos em cursos de ensino, mas o método da formação artística, para ser bem sucedido, precisa ser confiado à livre iniciativa pessoal do mestre. As aulas que tenham por finalidade dar rumo e apoio ao trabalho artístico do indivíduo e dos grupos não necessitam de modo algum ser numerosas, desde que contribuam com elementos essenciais, que realmente estimulem os estudantes. Com demasiada freqüência confundimos a capacidade de desenhar com a capacidade de produzir o *design* criativo. A destreza de desenho bem como a destreza artesanal constituem apenas valioso meio auxiliar para exprimir representações espaciais. O virtuosismo e a habilidade manuais não geram ainda a arte. Apenas a formação artística alimenta a imaginação e as forças criativas. Para tanto, uma "atmosfera intensiva" é a coisa mais preciosa que o estudante pode receber. Mas tal *fluidum* surge apenas se um certo número de personalidades trabalha para um objetivo comum, o que não se pode conseguir através da simples organização.

O motivo pelo qual a sementeira de idéias Bauhaus não vingou mais depressa talvez resida no fato de as pretensões quanto à capacidade de mudança da natureza humana terem sido demasiado grandes, durante a geração passada. A natural inércia humana não podia manter o passo com o impetuoso desenvolvimento, tanto material quanto espiritual, em todos os domínios de atividade.

Um novo campo cultural de idéias não pode expandir-se e desenvolver-se mais rapidamente do que a nova sociedade em si, à qual deve servir. Creio todavia poder afirmar sem exagero que a comunidade da Bauhaus contribuiu, pela inteireza de sua tentativa, para ancorar novamente a arquitetura e o *design* contemporâneos no domínio social.

3. EXISTE UMA CIÊNCIA DO "DESIGN"?*

Por muitos anos me ocupei sistematicamente com os fatos científicos atinentes à capacidade visual e sua relação com os outros sentidos, e em conexão a isso, também experiências psicológicas relativas à forma, ao espaço e à cor. Estes colocam problemas tão profundos quanto os do material, da construção, da economia; sim, *posso até mesmo dar a primazia aos problemas psicológicos da configuração, já que eles são fundantes, enquanto que os componentes técnicos do projeto são apenas nosso meio prático de tornar visíveis idéias de nosso espírito.*

A palavra "projeto" abrange o domínio todo da ambiência visível criada pelo homem, desde as coisas

(*) V. W. Gropius, "Design Topics", *Magazine of Art*. dez. 1947.

mais comuns até as mais complicadas articulações de uma cidade.

Se fosse possível conseguir uma base conjunta para a configuração e a compreensão da forma, isto é, se pudéssemos extrair um denominador comum dos fatos objetivos, livre de interpretações individuais, ele poderia valer como chave para todo tipo de projeto e *design,* pois o projeto de um grande edifício e o de uma simples cadeira diferencia-se apenas na proporção, não no princípio.

Toda pessoa normal tem os mesmos órgãos com os quais percebe e experimenta o mundo circundante. *Da maior importância é o fato de que a impressão sensorial parte de nós mesmos e não do objeto que vemos.* Só depois de compreendermos a natureza do que vemos e a maneira como vemos, saberemos mais acerca dos possíveis efeitos da configuração artística sôbre o nosso sentir e pensar.

Há muitos anos vi um filme intitulado *A Rua.* Começava por uma cena inesquecível, que mostrava de um só golpe a teia emaranhada de um drama matrimonial. De sua janela, primeiro a mulher, depois o homem olham para a rua.

Ela vê a cinzenta e monótona vida cotidiana, tal como realmente é. Ele pelo contrário projeta suas representações na rua e a transforma assim em um quadro emocionante, que dá a cada momento da lufa-lufa à sua vista um brilho singular, uma energia e um significado especiais.

Realidade e Ilusão

Lembrei-me desse caso quando li o livro de Earl C. Kelley da Universidade de Wayne, EUA, *Educação para o real,* que se apóia em experiências de percepção efetuadas em conjunto com o Instituto de Oftalmologia de Darmouth, em Hannover, New Hampshire. Uma das mais significativas passagens desse importante trabalho diz:

"Nossas impressões sensoriais não nos vêm das coisas que nos cercam mas procedem de nós mesmos.

Como não provem do meio-ambiente imediato e, obviamente, tampouco do futuro, elas devem vir do passado. Mas se provem do passado, só podem estar baseadas em experiências precedentes."

A exposição prossegue assim: "Imagine que o senhor seja colocado diante de três vigias, cujo diâmetro corresponda ao da pupila. Pedem-lhe para olhar alternadamente através desses orifícios. O material atrás das vigias está iluminado. Cada vez o senhor vê um cubo, com suas três dimensões e lados quadrados. No geral, os três cubos são substancialmente iguais. Parecem estar todos à mesma distância (Fig. 1).

"Depois, permitem-lhe olhar de lado os mencionados cubos. O resultado é surpreendente. Em um, vê realmente um cubo de arame. O segundo caso mostra, em superfície plana, um desenho de linhas que não são em geral paralelas. O terceiro exibe uma série de barbantes sobre um maço de arames finos, que fogem da vista.

"Observado por trás dos bastidores, o objeto, nos dois últimos casos, não apresenta a mínima semelhança com um cubo. No entanto, a impressão sensorial nos três casos era a de um cubo.

"Material completamente diferente gera o mesmo quadro na retina e a mesma impressão sensorial. Essa impressão não poderia vir do material, pois em dois casos ele não era um cubo de arame existente. Tampouco podia originar-se do modelo na retina, pois este não era sequer um cubo. Então, o cubo só existe pelo nome. A impressão sensorial proveio de nós mesmos, de nossa experiência anterior em nós mesmos."

De modo análogo vemos que um bebê no berço, avistando pela primeira vez a lua, tenta inocentemente agarrá-la. Falta-lhe a experiência pessoal do sentido do tato e da distância. *O que primeiro era apenas um reflexo de luz na retina do bebê torna-se mais tarde um símbolo de experiência.*

Reações Inconscientes

Ou imagine estar sentado ao volante de seu carro, num dia de mau tempo. A rua é pura lama que um carro

47

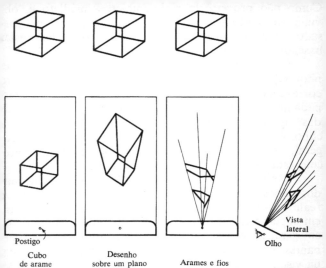

Fig. 1. Ilusão e Realidade.

Fig. 2. Praça da entrada do Palácio de Versailles.

vindo em sentido contrário atira em grande porção sobre o pára-brisa de seu veículo. O senhor fecha os olhos com um gesto de esquivamento, pois as reações inconscientes são automáticas. Embora a razão deva ditar-lhe que o vidro o protege, o corpo sempre retoma cegamente as atitudes de defesa. Obviamente, nosso olho nada quer arriscar.

Ou imagine que se encontra em um balcão, no vigésimo andar de um edifício. O balcão dispõe de uma balaustrada de barras verticais, e como o senhor é sensível, sente certa tontura quando olha para baixo, através dos ferros da balaustrada. Mas se alguém pendurar papel ou papelão sobre a balaustrada, a tontura desaparecerá imediatamente, já que o olho torna a achar um ponto de apoio e segurança. O senhor recuperou o equilíbrio devido à ilusão de segurança, embora nada haja acontecido que ofereça realmente maior segurança física. O olho não aprende; reage automaticamente.

O fenômeno correspondente, no sentido horizontal, é a agorafobia, que por vezes assalta certas pessoas sensíveis quado atravessam lugares largos e abertos (Fig. 2). Sentem-se perdidas no espaço amplo sem qualquer relação com a escala humana. Mas se nesse lugar houvessem objetos verticais, por exemplo arbustos ou muros baixos, como que cenários no palco, a relação se restabeleceria de pronto e o medo desapareceria. O olho, que sempre busca apoios de orientação no espaço, registra os objetos que encontra no campo visual, de um modo parecido ao do radar.

Eis apenas alguns exemplos simples, que esclarecem a discrepância existente entre percepção física e conhecimento intelectual. Nosso estrato inconsciente reage qual uma bússola sem maior influência das idéias do intelecto. Mas está sujeito a ilusões.

Plano de Educação

Daí evoluí para uma tese *de que a criação artística haure sua vida da tensão que surge constantemente do efeito recíproco entre as forças conscientes e incons-*

cientes de nossa existência. Este conhecimento tornou-se para mim um fio de prumo em questões de educação artística. Pois como o intuitivo-inconsciente se revela em cada um de nós sob forma individual e singular, toda tentativa de um educador de projetar suas próprias percepções sensoriais em seus alunos é inútil. Leva apenas à imitação dependente. O ensino efetivo deve ser construído com base em fatos objetivos, acessíveis a todos nós do mesmo modo. Mas o estudo da visão que nos ensina a diferenciar o que é real do que é ilusão, exige uma vitalidade e uma espontaneidade espirituais que têm de permanecer imutáveis em face do amontoado arbitrário de fragmentos desconexos de saber. Santo Tomás de Aquino, o grande místico da Idade Média, disse certa vez: "Devo esvaziar minha alma para que Deus possa entrar". Esse estado de vácuo espiritual prepara para a concepção criativa, para a Graça. Mas o atual predomínio do saber livresco não favorece por certo semelhante estado. A tarefa inicial do educador deveria consistir em livrar o aluno do entorpecimento intelectual e em encorajá-lo a dar mais expansão à sua sensação inconsciente. Ele deve, por assim dizer, tentar reconstituir o estado de receptividade despreconcebida da criança e então guiá-lo; destruir o que ainda há de preconceitos e reincidências nas propensões imitativas, para que o aluno possa alcançar, por meio de observação própria e tentativas práticas, o conhecimento de uma regularidade objetiva da expressão.

Se o *design* deve ser uma linguagem visual específica para a transmissão de sensações inconscientes, o conhecimento dos fatos objetivos no terreno da escala, forma e cor, assim como o domínio da gramática da composição, constituem seus pressupostos indispensáveis. Só então pode o artista levar a sua mensagem à expressão por meios manifestos, que unem mais as pessoas do que palavras. Quanto mais essa linguagem óptica se espalhar, tanto melhor será compreendida a obra de arte. A arte surge da graça da súbita idéia pessoal. Ela não é ensinável. O ensinável consiste em demonstrar a influência que luz, espaço, proporção, forma e cor exercem sobre a psique humana; expressões vagas como " a atmosfera de uma construção" ou "a comodidade de uma sala" deveriam ser especificadas. Todo principiante precisa aprender primeiro a ver. Precisa conhecer o efeito das ilusões ópticas da influência psicológica de formas, cores e texturas, de contrastes e de direção, tensão e repouso; e precisa compreender o significado daquilo que chamamos escala humana.

Eis alguns exemplos da complicada ciência da visão:

Anatomia de nossa Visão

O homem percebe o meio-ambiente físico por meio de suas experiências sensoriais. Nossos sentidos de visão e tato se completam no complicadíssimo processo visual. Nossa retina só nos proporciona figuras planas, assim como a lente de uma câmara projeta figuras planas sobre um filme sensível. A percepção de distâncias espaciais é um aprendizado que incumbe a cada indivíduo por si, apoiado por seu tato. Lembrem-se do bebê que tenta agarrar a lua (Fig. 3).

(Fig. 4).* O olho humano obedece a uma construção muito semelhante à da câmara fotográfica.

(Fig. 5) A mais conhecida ilusão. O olho humano realmente vê seu ambiente como imagem invertida. Com ajuda de uma correção psicológica, que geralmente aprendemos em idade bem tenra, reinvertemos o quadro da retina e o pomos em concordância com a realidade.

(Fig. 6) Corte vertical do olho humano, que mostra a disposição da lente da córnea e da retina.

(Fig. 7) Vista do olho humano: (a) o músculo de acomodação, que produz tensão e relaxamento nos ligamentos das lentes (b); (c) as fibrilas ordenadas radialmente, que distendem as pupilas quando se encolhem; (d) as fibrilas ordenadas em círculo, que estreitam a pupila quando se encolhem. Sob a íris está a lente, acima dela a cúpula da córnea.

(*) Fig. 4-11 de *Der Mensch* do Dr. Fritz Kahn, Alb. Müller Verlag, Zurique, 1939.

(Fig. 8) O diafragma íris da câmara, comparado com o do olho humano. À esquerda o diagrama está fechado, à direita aberto. Exatamente como na câmara fotográfica, um diagrama fechado torna a imagem mais nítida.

(Fig. 9) O quadro mostra a focalização do olho humano — não apenas o diafragma, também a lente. No alto do quadro vê-se que o aplanamento da lente produz a focalização nítida da figura, enquanto que embaixo, por causa do ajuste errado, ela está borrada. A tecnologia usa o mesmo método para a reprodução e impressão de quadros que a natureza desenvolveu em nossos olhos, só que a técnica se utiliza de anteparos e retícula.

A figura projetada da lente sobre a retina, no olho, é por seu lado diluída em pontos pelos cones e bastonetes da retina, pois cada célula vê apenas uma partícula minúscula, um ponto que não é maior do que ela mesma. Células fortemente estimuladas sinalizam "luz" ao cérebro e células fracamente estimuladas, "escuro". Uma imagem da retina aumentada algumas centenas de vezes pareceria composta de pontinhos, como uma autotipia muito ampliada.

(Fig. 10) Este é o aparelho de televisão do olho humano, que transforma, qual uma estação transmissora, imagens ópticas em ondas elétricas (a, b, c), o circuito de suporte (g, h), as células sensíveis à luz (f), as células de ligação (e) e as grandes células de transmissão (d), cabo de nervos (i, k), a base protetora.

(Fig. 11) O olho humano é uma câmara para fotografias diurnas e noturnas. Os cones da retina (do lado esquerdo) são o aparelho para o dia. Precisam de muita luz e dão nítidas imagens pancromáticas. Os bastonetes (do lado direito) formam o aparelho para a meia-luz. São muito sensíveis à luz, mas fornecem quadros indistintos e acromáticos.

A curvatura de nossa retina e a das lentes de nossos olhos são fontes de certas distorções da imagem. Esse fato biológico complica a associação de nossos sentidos, por meio da qual captamos o espaço. É a

Fig. 3. Campo de visão de uma criança de nove meses.

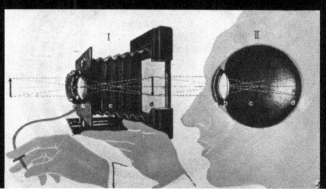

Fig. 4. Câmara fotográfica e olho humano.

Fig. 5. Uma famosa ilusão ótica.

Fig. 6. Corte vertical do olho humano.

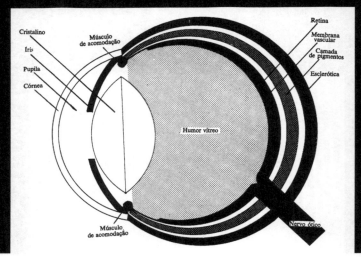

Fig. 7. Modelo do corte anterior do olho.

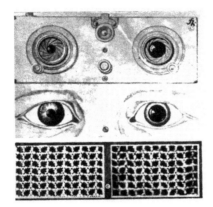

Fig. 8. Diafragma íris da câmara e o do olho humano.

Fig. 9. A acomodação do olho humano.

Fig. 10. Aparelho de percepção do olho humano.

Fig. 11. O olho humano, câmara universal para fotografia diurna e noturna.

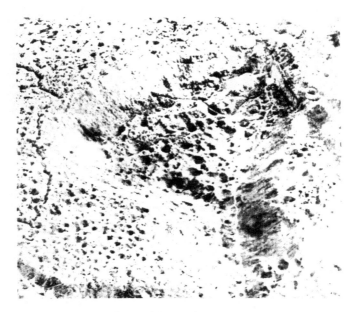

Fig. 12. Paisagem lunar (côncava).

Fig. 13. A mesma figura, de ponta-cabeça (convexa).

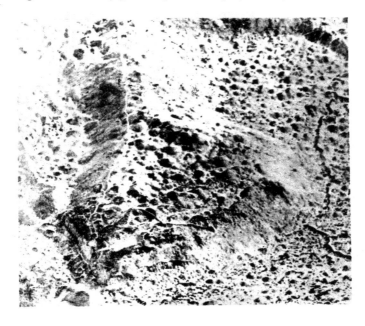

Fig. 14. Ilusão ótica.

Fig. 15. Moça de maiô.

Fig. 16. Interior da catedral de Siena.

Fig. 17. Fenômeno de irradiação.

Fig. 18. São João de Latrão em Roma.

Fig. 19. O Grande Inquisidor, del El Greco.

Fig. 20. Análise do quadro del El Greco (exercício de Bauhaus).

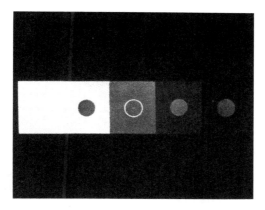

Fig. 21. Relatividade dos valores claro-escuro.

Fig. 22. O tamanho de nosso corpo como escala.

Fig. 23. A esfinge egípcia.

Fig. 24. Catedral de Westminster em Londres.

razão de inúmeras ilusões ópticas. Quem se preocupa com a plasmação de formas, deve familiarizar-se com isso.

Ilusões ópticas

O quadro de uma paisagem lunar (Fig. 12) mostra depressões e vales côncavos, que parecem convexos, quando colocamos o mesmo quadro de ponta-cabeça (Fig. 13). Um rio situado em um vale, no quadro original, fica numa crista, na inversão. Nosso olho é incapaz de perceber a posição correta do quadro nessa situação. Pintores modernos apropriaram-se criativamente desse fenômeno, acolhendo formas que o observador pode interpretar como côncavas ou convexas.

Um quadrado perfeito com listras que correm ora no sentido vertical ora no horizontal parece um retângulo em posição horizontal no primeiro e um retângulo vertical no segundo caso, portanto no sentido contrário à direção das listras (Fig. 14). Saber disso é muito importante para arquitetos e figurinistas. A isso se junta o fato de que a largura das listras deve corresponder ao tamanho da figura. Listras horizontais de um maiô dão uma aparência mais esbelta do que as verticais (Fig. 15). Do mesmo modo, as colunas listradas da catedral de Siena pareceriam mais grossas e pesadas se fossem listradas verticalmente (Fig. 16).

Um outro fenômeno óptico, importante para o *designer,* é a "irradiação". Uma figura clara sobre fundo escuro parece maior do que uma escura sobre fundo claro (Fig. 17). A causa desta ilusão é que a luz, nas formas claras, irradia-se, por sobre os contornos, para os arredores escuros. Por exemplo, em cima de edifícios, as silhuetas de figuras esculpidas parecem muito pequenas contra o céu claro, devido às irradiações. É preciso, pois, exagerar artificialmente o volume de tais figuras, para que produzam o efeito pretendido (Fig. 18). A luz lhes rói, por assim dizer, a silhueta.

63

Influência Psicológica da Forma e Cor

O famoso "Grande Inquisidor" de El Greco é mais do que o simples retrato de um homem. Mostra o estado de espírito que este suscitou nos outros e também no artista. A pincelada explosiva e os elementos formais do quadro destinavam-se a transportar o espectador espiritualmente ao estado de terror e medo ante o perigo ameaçador — a Inquisição (Fig. 19).

Forma e pincelada podem exercer efeito excitante ou acalmante. O efeito psicológico visado também pode ser fortalecido por cores vivas ou suaves. Cor e textura de superfície têm, por assim dizer, uma existência própria e emitem energias físicas, que são até mensuráveis. O efeito pode ser quente ou frio, aproximativo ou retrocessivo em relação a nós, de tensão ou de repouso, ou mesmo repulsivo ou atraente (Fig. 20). Um especialista de Nova York que se denomina engenheiro da cor, comunica:

"Estou seguro de que o violeta provoca melancolia e o amarelo é uma cor estimulante, fomentadora de ânimo sociável, atividade cerebral acentuada a sensação de bem-estar. Uma sala de aula pintada de amarelo seria estimulante para crianças retardadas, enquanto que um quarto de crianças amarelo provavelmente perturbaria o sono de seus ocupantes. Azul não levaria à depressão, mas ao relaxamento — pessoas idosas são por vezes tomadas de uma fome de azul. A reação psicológica ao vermelho seria reanimadora para a inteligência, a pulsação e o apetite; e uma cadeira vermelha, colocada a alguma distância de outra, azul, pareceria, ao observador, estar mais próxima do que a última. A cor verde produz efeito refrescante, de modo que estenodatilógrafas em escritórios esverdeados desenvolvem sensações de frigidez psicológica, que elas poriam de lado, juntamente com seus casacos, se lhes déssemos, sem mudar a temperatura da sala, cortinas e estofamentos cor de laranja. Um apelo de caridade em envelope claro, verde-azulado, produziria, com maior probabilidade, mais emoções filantrópicas do que um outro enviado em envelope branco. Uma caixa de dez quilos pintada de azul escuro pareceria mais pesada do que uma de cor amarela. Uma campainha de telefone soaria mais estridente em uma cabina branca do que em uma vermelho-carmim. E finalmente um pêssego, que se come no escuro, teria menos aroma do que um pêssego cuja cor fosse visível". *

Relatividade

Mal podemos acreditar que o ponto cinza é igualmente escuro nos cinco casos desta figura (Fig. 21). Um exemplo da relatividade dos valores cromáticos. O mesmo matiz parece variar com o grau de claridade do fundo. A natureza humana também parece depender, mais do que aceitamos, do conflito de contrastes de seu ambiente, que nos mantem atentos e despertos, por gerar alternadamente tensão e calma. Cores podem ser ativas e passivas. Dependendo do colorido, as superfícies e paredes de uma sala parecem avançar ou retroceder. As dimensões de uma sala podem portanto parecer diferentes da medida real. *De fato, o arquiteto designer pode, se domina todos os meios, produzir ilusões que parecem contradizer os fatos reais da construção e das medidas efetivas.*

O que é a "escala humana"?

O tamanho de nosso corpo, do qual estamos sempre cônscios, serve para metro de medidas para a percepção das coisas de nosso ambiente (Fig. 22). Nosso corpo é a escala, que nos permite edificar um sistema tridimensional finito de relações dentro do espaço infinito. Coisas que são extraordinariamente grandes ou extraordinariamente pequenas podem suscitar um efeito ridículo ou repulsivo. Basta pensar nos anões e gigantes, nas viagens de Gulliver. Pode-se modificar o interesse emocional por um objeto, dimi-

---

(*) Vide "Howard Ketchum — Color Engineer", *The New Yorker*, 8 de março de 1952.

nuindo-o ou aumentando-o em relação ao tamanho normal que esperamos por experiência.

Justamente por meio da ampliação até a tomada em primeiro plano é possível intensificar o interesse. Lembro-me de uma sensação física de horror que se apoderou de mim durante um filme, quando vi na tela, em tamanho gigante, a luta de vida e morte entre dois insetos, um escorpião e um louva-a-deus. Com a simples ampliação óptica, que produzia uma relação sensorial mais estreita com a ocorrência, surgiram fortes sensações físicas e psicológicas, que certamente não sentiríamos na mesma proporção se presenciássemos uma luta assim na realidade, já que sua escala é muito reduzida com respeito ao nosso próprio corpo.

Disso tudo cabe concluir que o artista, o *designer*, pode mobilizar em sua obra, através da mudança de escala, os efeitos psicológicos que alteram a relação de sua obra com o observador. Isso vale tanto para formas abstratas quanto concretas.

Os astecas e egípcios pretendiam, pela construção de pirâmides, pelo tamanho físico destas, venerar a divindade (Fig. 23). Aspiravam a exprimir o sobrenatural através da escala do gigantesco. Os faraós e os imperadores romanos, que em sua megalomania pretendiam ser deuses, impressionavam os súditos com grandes ruas e praças axiais de escala sobre-humana, a fim de gerar medo ante seu poder. Hitler e Mussolini recebiam seus visitantes em enormes gabinetes e sentavam-se do lado oposto à porta de entrada, a fim de intimidá-los.

A catedral de Westminster em Londres é o exemplo de construção desmesurada. Sobrecarregada de decorações e ainda listrada horizontalmente na parte superior, dá impressão de pequenez e confusão, apesar de seu enorme tamanho. O projeto que lhe serviu de base não encontrou a relação correta com a escala humana (Fig. 24).

Relações de Tempo e Espaço

Mas o arquiteto não deve levar em conta apenas a relação absoluta de grandeza entre nosso corpo e o objeto que vemos. Precisa calcular também, com antecedência, que o observador há de contemplar sua obra a partir de distâncias cambiantes. Uma construção só irá suscitar efeito intenso depois de satisfeitas, para todas as distâncias possíveis e todos os aspectos, todas as condições da escala humana.

À distância, cumpre que a silhueta da obra arquitetônica seja bem simples, de modo a ser compreendida, à primeira vista, como um símbolo por todos, desde o observador mais primitivo, até por aquele que passe por ela rapidamente de automóvel (Fig. 25). Quando nos aproximamos, distinguimos protuberâneias e reentrâncias de partes e entalhes da construção, cujas sombras proporcionam o entendimento da escala para essa nova distância. E quando finalmente estamos bem em frente e não podemos mais avistar o edifício inteiro, é preciso que o olho seja atraído por novas surpresas, na forma de tratamento artístico de superfícies (Fig. 26).

Devemos então perguntar-nos: o êxito da escala certa em uma construção ou obra de arte resulta do instinto seguro ou do conhecimento experiente? Ou pressupõe ele a união de qualidades tanto conscientes como inconscientes?

Sabemos que os arquitetos da Índia, nos séculos passados, eram primeiramente formados em vários ofícios. Depois aprendiam, já aos quarenta anos, mas antes ainda de poderem construir um templo, uma secreta doutrina matemático-simbólica, ensinada pelos sacerdotes. Dispunham provavelmente de uma espécie de ciência da óptica. De qualquer forma, não temiam aplicar métodos de construção dos mais complicados para atingir certos efeitos ópticos que lhes pareciam importantes. Por exemplo, as linhas de cantoneira de suas cornijas ricamente moldadas não corriam paralelas como na arquitetura ocidental, mas cortavam-se em um distante ponto de fuga. Este afilamento produz a ilusão de maior profundidade e relevo e com isto uma escala aumentada (Fig. 27).

Pela mesma razão Ictino, o construtor do Partenon, que representa o maior grau de perfeição e delicadeza da arquitetura européia, inclinou ligeiramente as colunas da frente em direção ao eixo central do templo e curvou levemente todas as linhas horizontais, para equilibrar a ilusão óptica da impressão côncava; pois, uma linha horizontal comprida e reta parece afundar no meio, ilusão causada pela convexidade de nossa retina. Mas tal impressão perturbaria o efeito desejado e, para contrabalançar o efeito dessa ilusão, os degraus ao longo do Partenon foram suspensos em 10 cm no meio em comparação aos extremos (Fig. 28). É certo que o embasamento foi assim estabelecido de propósito, pois o templo se ergue sobre uma rocha, e suas juntas verticais ainda hoje continuam inteiramente ajustadas. Nenhum assentamento da edificação poderia portanto alterar suas linhas originais. Aqui intuição e razão triunfam unidas sobre as falhas da capacidade da vista humana. Aqui temos verdadeira arquitetura.

Com esses exemplos tentei caracterizar alguns elementos de uma linguagem da forma, que o projetista tem de conhecer. O que sabemos nós sobre a relação mútua destes elementos no "espaço"? Cada um de nós já tentou uma vez na vida, deitado de costas, conceber a infinitude do céu distante, só para reconhecer que nos foi vedada a apreensão do infinito. Os matemáticos cunharam, é verdade, o conceito de unidades infinitamente grandes e infinitamente pequenas, ao mesmo tempo que estabeleceram seus signos, mas estes permanecem abstratos e não nos podem transmitir qualquer representação sensorialmente concreta do espaço infinito. Compreendemos apenas o espaço finito em sua tridimensionalidade comensurável. O espaço limitado, seja ele aberto ou fechado, é o meio de plasmação da arquitetura. A relação harmônica entre os volumes da construção e os espaços que os limitam ou encerram, é essencial para o efeito arquitetônico. Isso pode parecer óbvio, mas julguei que muitas pessoas não têm consciência dessa importante relação, havendo mesmo arquitetos formados que não sabem que os espaços abertos entre as construções, como ruas, praças e quintais são tão significativos quanto o próprio volume da construção.

Muitos dentre nós ainda vivem inconscientemente no mundo tridimensional estático de Newton, que no

Fig. 25. Templo indiano.

Fig. 26. Detalhe.

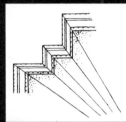
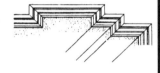

Fig. 27. À esquerda, cornija indiana; à direita, cornija barroca.

Fig. 28. Plinto do Partenon.

Fig. 29. Quadro de Balla, Itália, mostrando o movimento no espaço.

Fig. 30. Quadro de Picasso. Rosto de uma mulher visto de frente e de lado.

Fig. 31. Catedral gótica.

Fig. 32. Ângulo do Bauhauss.

Fig. 33. Sala de visitas da Casa Poissy, de Le Corbusier.

Fig. 34. Diagrama do "Modulor" de Le Corbusier.

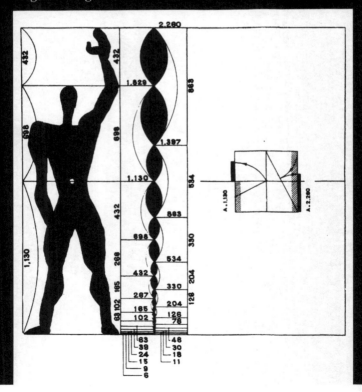

entanto já se tornou há tempo insuficiente para nosso conhecimento atual. Pois a ciência e a filosofia substituíram a interpretação estática de nosso mundo-ambiente por relações dinâmicas sempre cambiantes. Essa profunda mudança na representação de nosso mundo-ambiente foi designada, como nova dimensão, pela expressão "espaço-tempo". A ciência constatou a relatividade de todos os valores humanos e sua incessante transformação. Por isso não reconhece nada de definitivo, quaisquer "valores eternos". A essência da vida é a contínua metamorfose. Quero aqui citar um trecho de um relatório do Congresso do Bicentenário em Princeton, "Planejamento do meio-ambiente físico do homem":

"Verifica-se que o ambiente físico, com o qual os arquitetos deviam ocupar-se, mudou no curso de suas próprias vidas, com velocidade assustadora. O universo, em expansão, tornou-se um universo em explosão, e o tempo, a nova quarta dimensão, encontra-se mais no centro dos interesses do que as três outras. Também o homem se modificou, mas não o suficiente. Os arquitetos podiam mostrar em suas construções a influência determinante da dimensão tempo e de sua imagem reflexa, o movimento, mas, ao olhar perscrutador que lançavam, o homem revelou ser uma criatura curvada sob o peso do passado, atordoada pelo efeito posterior de suas sensações passadas e de tal forma limitada por uma visão defeituosa, que realmente só pode ver o que quer ver".

Assim, sendo o tempo introduzido como quarta dimensão, começa a infiltrar-se nos nossos pensamentos e criações.

A Necessidade de Mudança

Essa mudança na concepção básica de nosso mundo, distanciando-se da idéia de um espaço estático rumo a um sistema de relações que se transforma continuamente, põe em movimento nossas capacidades de percepção intelectual e sensorial. Agora compreendemos o anseio dos futuristas e cubistas, que foram os primeiros a querer captar o encanto da quarta dimensão temporal por meio da ilusão do movimento espacial (Fig. 29). Em um quadro de Picasso, a face e o perfil são pintados ao mesmo tempo. A sucessão temporal de aspectos, eventos e acontecimentos, é reunida em sua unidade espacial (Fig. 30). Qual a razão desses novos componentes na representação artística? A introdução do elemento temporal na composição espacial reforça a intensidade da vivência do observador. O artista procura constantemente novos estímulos que devem ativar e atrair o contemplador. Sigmund Freud relata uma experiência, cujo resultado mostra que a irritação pode exercer o efeito de um incentivo vital. Células primitivas, imersas em um líquido perfeito do ponto de vista da alimentação e temperatura, morrem lentamente em satisfação passiva. Mas se juntarmos ao líquido uma substância excitante, as células tornam-se ativas e multiplicam-se.

O historiador inglês Toynbee relata a história de um capitão de navio, que tinha a fama de trazer sempre os melhores arenques. No leito de morte, ele revelou seu segredo: mantinha sempre um lobo-marinho no viveiro de peixes de seu navio. Este comia alguns arenques, assustava todos os outros e os mantinha assim na melhor disposição. Também o homem é estimulado por excitação. *A arte procura satisfazer esse perpétuo anseio pela contradição. A faísca, resultante da tensão dos contrastes, produz a vitalidade própria da obra de arte.* Na realidade o homem precisa de impressões seguidamente cambiantes para permanecer receptivo. As situações inalteradas, por mais perfeitas que sejam, o embrutecem e o entorpecem. Para dar um simples exemplo: quando se viaja o dia inteiro em um carro-pullman com ar condicionado no qual a temperatura, o movimento e umidade do ar são uniformemente regulados, sentimos, com o tempo, desconforto. Mesmo em um dia muito quente, gostamos de descer nas estações, apesar do calor, buscando o contraste de situações menos confortáveis; só então podemos apreciar novamente a atmosfera agradável e fresca do carro. Para manter viva a nossa capacidade de adaptação, necessitamos justamente de contraste.

Quando comparamos o efeito psicológico da luz do dia e da iluminação artificial, a necessidade de variação torna-se especialmente evidente. Há pouco tempo veio-me às mãos um "Relatório do Comitê para a Iluminação de Museus". Lá encontrei frases assim: "Hoje a iluminação artificial para uma galeria é de melhor efeito do que a luz do dia. Além disso a iluminação artificial salienta, a qualquer tempo, as peculiaridades da obra de arte em seu aspecto mais vantajoso, o que à luz natural não passa de um acontecimento fugaz". Um "acontecimento fugaz"! Aqui, creio, reside a falsa conclusão; pois a melhor luz artificial, que ressalte vantajosamente todos os detalhes de um objeto exposto, é apesar de tudo apenas estática. Ela não se transforma. A luz natural, que se modifica constantemente, é viva e dinâmica. O "acontecimento fugaz", que surge pela variação da iluminação, é exatamente o que precisamos, pois o objeto, que vemos na variação viva da luz do dia, oferece a toda hora outra impressão.

Ou imagine-se a surpresa de um fiel quando um raio de sol, caindo pelo vidro colorido de uma catedral, caminha lentamente pela penumbra da nave e atinge de repente o altar (Fig. 31). Quão impressionante para o observador, embora passe apenas por um "acontecimento fugaz". Lembro-me da viva impressão que senti certa vez no Museu Pergamon em Berlim. Sempre achei a luz que, através das clarabóias, incidia sobre as paredes do templo muito difusas e monótonas. Mas uma noite cheguei quando um fotógrafo lá operava com um forte refletor. Fiquei entusiasmado com o intenso efeito dessa iluminação direta que avivava os relevos e me fazia descobrir naquelas esculturas uma beleza completamente nova, que até então desconhecia.

No futuro possuiremos talvez luz artificial que se movimente e seja variável à vontade quer na quantidade, quer na intensidade, quer na cor e direção. Mas enquanto a luz artificial não corresponder totalmente às nossas necessidades, não deveríamos excluir, sempre que possível, a qualidade dinâmica da luz do dia como complemento da artificial, já que ela vai de encontro à nossa necessidade de variação. Para dar um exemplo dos possíveis recursos psicológicos a fim de manter nossos sentidos atentos e receptivos, quero mostrar com que meios podemos converter uma visita a um museu em um evento vivificante, em vez de cansativo. Sabemos que a receptividade do visitante, face a obras de arte reunidas em espaço restrito, desaparece com rapidez, se não formos capazes de reanimá-lo constantemente. É preciso neutralizar-lhe o espírito depois de cada impressão, para que uma nova possa atingi-lo. Não é possível mante-lo horas a fio em êxtase intelectual, enquanto caminha pela galeria. Mas pela hábil disposição do projeto, que pode oferecer ao visitante aspectos cambiantes de espaço e efeitos de luz com ricos contrastes, aguçamos seu interesse. Só quando ele é forçado a usar continuamente sua capacidade natural de adaptar-se à tensão e calma, sua participação permanece viva. Já a própria disposição do recinto da exposição e a distribuição dos objetos podem oferecer uma série atraente de aspectos surpreendentes, se forem bem proporcionados na sucessão temporal e na mudança de escala à receptividade do visitante. Com essa reivindicação, penetramos no campo da criação arquitetônica.

O movimento no espaço ou a ilusão de um movimento no espaço pela magia do artista tornou-se um fator influente nas obras da moderna arquitetura, escultura e pintura. Preferimos hoje na arquitetura uma transparência que é alcançada por grandes superfícies de vidro, por secções salientes e abertas na obra arquitetônica. Essa transparência tenta produzir a impressão de um contínuo espacial fluente. A construção parece pairar no ar e o espaço parece fluir através dela (Fig. 32). Setores do espaço externo infinito são integrados na composição espacial arquitetônica, que se estende para o ambiente exterior. O próprio espaço parece movimentar-se (Fig. 33).

Chaves para o "Design"

Os educadores para o *design* começaram a valorizar as descobertas da filosofia e das ciências em seu campo. Uma linguagem fundante do *design* requer, antes de mais nada, um contraponto óptico. Importantes trabalhos com o escopo de encontrar um denominador comum da expressão da forma foram realizados pela Bauhaus, por Le Corbusier e Ozenfant em *L'Esprit nouveau,* por Moholy-Nagy em seus livros *The New Vision* e *Vision on Motion,* pelos ensinamentos de Josef Albers, pela *Language of Vision* de Kepes e *Education Through Art* de Herbert Read e, particularmente, por Le Corbusier em seu *Modulor* (Fig. 34) e outros nesse campo e similares.

Lograremos desenvolver com êxito uma "chave" óptica tal que seja aplicada e compreendida por todos, que possa servir de meio de *design* objetivo para toda espécie de projeto? Ela nunca deve levar à receita ou mesmo ao sucedâneo intelectual da arte. *A arte intelectual permanece estéril, não há obra de arte que exceda seu criador. Sem a espontaneidade intuitiva, sem a ação imprevisível do espírito artístico não é possível criar uma verdadeira obra de arte. Mas uma chave óptica seria uma ponte para a compreensão geral e ao mesmo tempo serviria ao artista como critério para sua criação.*

4. PLANO DE FORMAÇÃO DE ARQUITETOS *

A. FUNDAMENTO EDUCACIONAL GERAL

Acho que todo ser humano sadio é capaz de exprimir-se criativamente. Não me parece, de modo algum, que o problema consista em saber se há capacidade criativa latente, mas antes em como se pode ativá-la.

Não que o problema surja apenas nos E.U.A., mas aí é talvez mais grave, pois os americanos, na sua ânsia de aprender, tendem a ultrapassar os europeus no esforço de cultivar apenas a capacidade receptiva

---

(*) Cf. Gropius, "Educação do Arquiteto", *Twice a Year*, Nova York, 1939, e Gropius, "Plan pour un enseignement de l'Architecture" (*L'Architecture d'Aujourd'hui*, Paris, fev. de 1950).

e reprodutiva, e assim reprimem amiúde os instintos criativos. Mas isto não vale para o espírito criativo e inventivo no campo técnico. Aqui, a geração atual não parece encontrar qualquer dificuldade em desenvolver um corajoso espírito de pioneirismo, desprezando orgulhosamente todas as escalas do passado. Em relação às artes, no entanto, as pessoas tomam uma posição completamente diferente. A larga herança do passado parece nos ter roubado todos os impulsos primitivos e, de antigos produtores ativos, tornamo-nos conhecedores e eruditos. Quando examinamos os sentimentos indefinidos do público médio em relação à arte, verificamos que se limita timidamente a aceitar que a arte é algo que foi descoberto há muitos séculos em países como a Grécia ou a Itália, e que hoje só nos resta estudá-la cuidadosamente e aplicá-la. Não há eco natural, vivo, para as obras de artistas modernos que tentam solucionar problemas atuais de um modo hodierno, mas apenas dúvidas e ceticismo sobre a possibilidade de que tais artistas jamais consigam produzir algo que seja digno das grandes obras de seus antepassados.

Essa espantosa esterilidade não vem, na minha opinião, de uma falta inata de capacidade ou interesse, mas sim da divisão dos homens em "público" e "conhecedores", que se tornou comum atualmente. Cada qual se sente "conhecedor" num ou noutro campo e em todos os outros apenas "público". Mas todo mundo deveria saber, por experiência, que ninguém está em condições de reconhecer realizações em qualquer domínio, caso a própria pessoa não tenha alguma vez se ocupado com os problemas e dificuldades do domínio em questão. A maneira como se ensina arte e *design* à juventude atual, entretanto, raramente ajuda a compreender problemas artísticos contemporâneos. Ela sai da escola ou da universidade abarrotada de conhecimentos, mas raramente lhe foi dada a tarefa de encontrar-se a si mesma. Até agora fomos bem sucedidos em dar a conhecer aos nossos filhos as conquistas do passado, mas não em encorajá-los a formular seus próprios pensamentos. Fizemo-los estudar de modo tão intensivo história da arte, que não dispõem mais de tempo para se exprimirem artisticamente. Depois, quando adultos, nutrem idéias tão bitoladas sobre arte, que deixam de considerá-la algo a que lhes é dado livre acesso por meio da criação própria. O alegre e lúdico impulso que os levou, na juventude, a dar nova forma às coisas foi-se e, em vez disso, tornaram-se "público" inibido. Isso não é culpa do indivíduo, mas evidentemente resultado da alterada estrutura de nossa existência.

A Origem da Arte Abstrata

Quando um artista das grandes épocas artísticas de outros tempos — por exemplo, da Idade Média — pintava uma madona, era compreendido por todos, pois eram confiados a todos os símbolos sociais e religiosos comuns de sua época. Hoje vivemos entre duas civilizações: a velha ruiu, a nova ainda está surgindo. O artista de hoje só é compreendido por seu grupinho, mas não por toda a comunidade, pois o conteúdo intelectual de nossa civilização ainda não se cristalizou a tal ponto que permita ao artista simbolizá-lo de um modo compreensível. Essa compreensão talvez seja uma chave para o entendimento da assim chamada arte "abstrata" de hoje, cujas descobertas influenciaram tão profundamente a arquitetura. A sociedade, privada das velhas escalas de ideais sociais e religiosos, condenou o artista à solidão. Sem contacto com a vida da comunidade, procurou ele, como saída desse dilema, concentrar-se completamente no meio de sua arte, ou seja, estudar e descobrir novos fenômenos de espaço e cor, e expulsar qualquer conteúdo literário de sua obra. Naturalmente a arte distanciou-se, deste modo, da comunidade, e é esta a situação que enfrentamos hoje.

Equilíbrio entre Experiência e Conhecimento Livresco

Estou convencido, entretanto, de que há capacidades artísticas em todo ser humano; só que hoje os valores mais profundos da vida são prejudicados porque o acento principal de nossa existência repousa em coisas secundárias, tais como o comércio enquanto fim em si e o lado puramente prático desta ou daquela ocupação. O "espírito de comércio" desalojou a necessidade de uma vida harmônica, como a que era própria de épocas anteriores. Todo o nosso sistema de educação visa a formar o homem, o mais depressa possível, para o trabalho especializado. Tão logo termina o tempo feliz da infância, a pessoa é circunscrita a um único setor de sua vida, e assim perde cada vez mais o sentido inato para a totalidade da vida. A discrepância entre profissão e vocação aumenta assustadoramente. A coragem para pesquisar novos campos da experiência humana desaparece em nosso sistema de produção com sua finalidade puramente material. Sem dúvida, a educação sofreu consideravelmente com a supervalorização dos aspectos materiais e com uma concepção intelectual unilateral. Uma boa educação, que tenha como alvo preparar o indivíduo para uma postura criativa e uma vida harmonicamente equilibrada, deve levá-lo, para além da mera informação fatual e conhecimento livresco, à vivência pessoal imediata. Devemos dar mais oportunidade à juventude para que faça experiência pessoal durante o tempo de sua formação; pois, somente quando deixamos que "descubra" sozinha os fatos, o conhecimento poderá converter-se em sabedoria.

É característico da atitude geral, em nossos dias, o fato de, na maioria dos mais influentes planos de educação publicados nos últimos anos, as artes visuais serem tratadas de maneira muito superficial e em hipótese alguma como disciplina que pertence ao núcleo mais íntimo de toda educação. Esquecemos, parece, que há *saecula saeculorum* as disciplinas criativo-estéticas sempre geraram forças éticas. Depositamos hoje confiança demasiado grande nos frutos de uma formação puramente intelectual. *A arte, produto do anelo e inspiração humanos, transcende os distritos da lógica e da razão. É um campo de interesse que concerne a todos nós, pois a beleza é necessidade primeira de toda vida civilizada.*

A verdadeira — infelizmente quase sempre esquecida — finalidade de toda educação é a de produzir entusiasmo que instigue a realizações sempre maiores. *Safety first* é um mau *slogan* para gente jovem; o pensamento da segurança pessoal, que em si já é uma ilusão, cria falta de responsabilidade e egoísmo e provém de uma concepção puramente materialista. *Sem um ideal dominante, cujos componentes humanos ou sociais devem determinar os profissionais — não o contrário — nenhum plano de ensino pode chegar a resultados duradouros.* Um ideal assim deveria ser natural, mas tornou-se muito raro hoje na prática educativa; mas o perigo oposto, o de educar sonhadores que se tornem estranhos ao mundo, quase não existe hoje em dia. A superestimação do conhecimento fatual e estudo racional levou obviamente nossa geração a falsos caminhos. Ela perdeu o contacto com a totalidade da vida e com suas relações sociais. A capacidade intuitiva — fonte de toda ação artística — é subestimada. Nossa juventude não confia em seus próprios instintos e nega tudo o que não é explicável pela razão. Deveríamos encorajá-la a respeitar seus sentidos e a aprender a controlá-los, em lugar de reprimi-los. A juventude precisa de maior direção espiritual em sua formação profissional, para que aprenda a desenvolver sua própria substância criativa, não apenas seu intelecto. Quanto mais alto o objetivo espiritual, mais facilmente ela há de dominar as dificuldades materiais. *Quando a intuição é alimentada, a agilidade se desenvolve com muito mais rapidez, ao passo que a mera rotina jamais pode substituir a criatividade. A realidade final só pode ser expressa por aquele que houver apreendido a mais sublime irrealidade.*

B. CURRÍCULO

"Design" Criativo

Em todas as grandes épocas criativas, a arquitetura foi, em sua forma mais elevada, a senhora de todas as artes, foi arte social. Por isso confio em que a arquitetura dominará, no futuro, uma esfera muito mais abrangente do que a esfera atualmente compreendida por ela. Hoje nossa educação arquitetônica ainda é muito tímida; ela sofre com a superacentuação de um saber estudado e se ajusta quase exclusivamente ao conceito das "belas-artes" e ao passado. Uma posição fatalmente esteticista da arte expulsou o criativo. Arte criativa não deve mais ser confundida com história da arte. A tarefa do artista é a de criar uma nova ordem, a do historiador é a de desvendar e explicar ordens do passado. Ambos os ofícios nos são indispensáveis, mas perseguem metas completamente diversas. Por isso um bom preparo no terreno da plasmação criativa não deve ser dada pelo historiador, mas basicamente pelo artista criativo, que além disso precisa ser um "pedagogo nato".

O arquiteto do futuro terá de encontrar novamente, através de seu trabalho, uma expressão original construtiva para as necessidades intelectuais e materiais da vida humana, e dar assim novos impulsos intelectuais, em vez de reproduzir repetidamente o pensar e o fazer de tempos anteriores. Partindo de uma larga concepção social da vida, incumbe-lhe procurar com a ajuda de sua capacidade de organização atingir o pensamento e a sensibilidade de sua época, harmonizando a causa e a forma arquitetonicamente.

Se esperamos que o arquiteto do futuro seja tão multilateral, como deverá ser então sua formação?

Arte no Quarto das Crianças

Se partimos da convicção de que toda pessoa sadia é originalmente capaz de criar configurativamente, cumpriria desenvolver a visão desde a mais tenra infância. O impulso lúdico da criança conduz à experiência e à invenção, fontes de todo saber e de toda arte. A educação deve, portanto, principiar no quarto das crianças e no jardim de infância, sendo necessário que conceda à criança oportunidades suficientes para construir, modelar e pintar, e isto de um modo muito livre e lúdico, que a incite e desenvolva sua fantasia.

Arte na Escola

Para despertar o impulso criativo da criança em crescimento, é preciso, ao mesmo tempo, familiarizá-la com diversas espécies de materiais e instruí-la para a livre criação. Durante todo o período escolar, a habilidade manual e a consciência formal devem ser desenvolvidas por meio de modelagem, pintura, desenho livre e geométrico. E o que é mais importante: *nada de imitações, nada de opressão do impulso lúdico, ou seja, nada de tutela artística!* A tarefa do professor há de resumir-se em incentivar sempre a imaginação da criança e sua inclinação para construir e desenhar, e não em "corrigir" desenhos e modelos. Se ele impõe demais seu próprio saber à criança, a força de imaginação desta é irritada com demasiada facilidade. Naturalmente o conhecimento da coisa é imprescindível, mas cumpre ensiná-lo com suficiente respeito para com o mais jovem, cuja fantasia específica se diferencia da nossa e que procura encontrar formas de expressão próprias e novas. O professor deve guiar a criança de maneira imperceptível durante a difícil passagem do jogo para o trabalho, dar-lhe conhecimento das coisas e conselho técnico, encorajá-la sempre a incentivar sua fantasia inata.

Formação Vocacional do Design

Quando o jovem deixa a escola com o plano de tornar-se arquiteto ou *designer* chega à encruzilhada onde deve decidir-se: será melhor encetar o longo caminho através da escola superior ou dirigir-se imediatamente à formação profissional? Aqui precisa de conselhos bem ponderados. Será que seu caráter, seu talento, sua visão do mundo e sua perseverança são bastante fortes e promissores para que possa tornar-se um livre arquiteto, ou deveria contentar-se com a instrução necessária para o desenhista e assistentes? A fim de reduzir o número de decisões erradas que são adotadas nesse sentido, todos os estudantes deveriam submeter-se a um teste vocacional com respeito às suas aptidões criativas e dotes de imaginação. A todos os estudantes que tenham talento artístico e que tenham passado com êxito por essa prova no início de sua educação — bem como os que hajam principiado por um curso técnico — dever-se-ia possibilitar a formação em universidades e escolas superiores de *design*.

Métodos de Ensino

Para esta parte de formação é imprescindível um desenvolvimento conseqüente dos estudos. Devido aos inúmeros pontos de vista e visões de mundo contraditórios que são ensinados ao mesmo tempo nas escolas superiores, o estudante corre o perigo de tornar-se apático ou cínico. A fim de evitá-lo, os educadores deveriam apresentar-lhe um plano de ensino claramente delineado, sim, de início até unilateral, que mantenha sua direção, até que o estudante atinja um certo amadurecimento e tenha adquirido uma convicção própria. A tese de que esse método é muito unilateral não é válida; pois somente aquele que houver realmente compreendido um método de raciocínio será capaz, mais tarde, de compará-lo com outros e então escolher de maneira mais inteligente elementos para suas próprias experiências criativas.

É mais importante ensinar um método de raciocínio do que meras habilidades. Deve ser um processo contínuo, que se desenvolva concentricamente, como os anéis anuais de uma árvore. O ciclo de tarefas deveria permanecer global em todas as fases da educação, não ser dividido em partes isoladas, e aumentar gradativamente de intensidade e profundidade em todos os campos ao mesmo tempo. Desde o princípio a compreensão do relacionamento orgânico de todos os domínios de saber e experiência é da maior importância; só então a totalidade do aspecto conjunto fará sentido na representação do estudante. Se ele parte do geral para o particular, e não o oposto, apreenderá facilmente todas as outras minúcias e as ordenará no lugar a que pertencerem.

Este método de ensino pode levar o estudante a uma posição criativa, que lhe permite pôr em harmonia, a um só tempo, forma, construção, economia e finalidade social de toda e qualquer tarefa que lhe é dada. Por mais evidente que essas exigências possam parecer na teoria, ainda assim a prática mostra serem necessários anos para que o estudante chegue ao ponto de ver todos esses fatores como unidade indivisível e orgânica. A razão para o generalizado método de formação do arquiteto por meio de setores separados de ensino parece-me provir da acentuação excessiva do intelectual-acadêmico e da falta de oportunidade, daí oriunda, de trabalho experimental no canteiro e na oficina. Por que há de ser o conhecimento por si só a meta principal da educação, se a experiência imediata já demonstrou ter a mesma importância como base para uma formação correta? O ensino teórico é superestimado. O livro e a prancheta não podem substituir a valiosa experiência na oficina e no canteiro. Por isso é preciso que a experiência esteja desde o início unida à formação e não seja meramente acrescentada mais tarde, após o término de uma formação acadêmica. A experiência prática é o meio mais seguro para desenvolver uma síntese de todos os fatores emocionais e intelectuais na concepção do estudante. Ela o impede de perder-se em projetos imaturos, que não estejam suficientemente esteados no mister da construção. Sem dúvida a separação total entre formação científica e conhecimento acadêmico isolou o arquiteto da obra durante o desenvolvimento da era técnica. A vinculação correta entre formação científica e prática é um problema crucial no nosso sistema de ensino. Por isso desejo tentar aqui desenvolver um plano de ensino que talvez possa ajudar a corrigir os atuais erros, mas quero começar pela proposta de um método mais científico no ensino do *design*.

A indolência geral do público em relação à arte e arquitetura e aos métodos vigentes na educação artística parecem influenciar-se mutuamente. Mediante uma educação mais apropriada, o homem deve primeiro reaver a confiança no significado básico da arte e arquitetura, para sua vida diária. Mas enquanto considerarmos os problemas da arte como simples questão de sentimento pessoal, que não é possível medir com escalas objetivas, não podemos também esperar que ela seja considerada fundamental para o avanço educativo. *As influências da arte na sociedade humana devem ser redefinidas. Com ajuda dos cientistas e de seus métodos precisos, devemos aprender de novo a avaliar objetivamente os componentes sociais e psicológicos da arte — não apenas os técnicos — e chegar a uma conclusão comum quanto a seus significados.*

Denominador Comum do "Design"

Para coordenar desde a base o ensino do *design* precisamos antes de tudo de uma chave, de um denominador comum deduzido de fatos. Uma linguagem comum na comunicação visual dará ao artista uma base de solidariedade para sua idéia espontânea; ela irá libertá-lo do triste isolamento sob o qual padece hoje, depois que perdemos, em nosso mundo socialmente dividido, a chave comum para a compreensão das artes plásticas.

Na música, o compositor ainda se utiliza de uma chave musical para tornar sua composição compreensível. Dentro de um sistema de apenas doze tons, foi criada a música mais grandiosa. É óbvio que a limitação torna inventivo o espírito criativo.

Na arquitetura a "secção de ouro", os "módulos" da Antigüidade grega, a "triangulação" dos mestres-construtores góticos demonstram que também no passado existiram chaves ópticas, que serviam às comunidades de trabalhos dos antigos mestres-construtores como denominador geral de sua configuração arquitetônica.

Há muito tempo não existia mais denominador comum para nosso meio de expressão nas artes plásticas. Mas hoje começa gradativamente, após longa época caótica de *l'art pour l'art,* a existir uma nova linguagem visual que substitui conceitos individualistas, como "gosto" e "sentimento" por conceitos de valor objetivo. Com base em fatos biológicos — tanto físicos como psicológicos — expressa a experiência suprapessoal de gerações consecutivas. Aqui surge a legítima tradição.

Linguagem Visual

Em todos os ramos do projeto moderno existe a tendência para o renascimento de uma linguagem visual. Estamos em condições de alimentar o impulso criativo do *designer* por meio de um conhecimento mais rico dos fatos visuais, como por exemplo os fenômenos da ilusão óptica, as relações entre massa construída e espaços abertos, luz e sombra, e os problemas de cor e de escala — fatos objetivos em lugar da interpretação arbitrária e subjetiva ou de fórmulas gastas.

Naturalmente, a ordem nunca deverá transformar--se em receita para a criação de obras de arte. A centelha da inspiração do artista ultrapassa a lógica e a razão. Mas uma linguagem visual, proveniente do velho e novo conhecimento da ciência, controla o ato criativo. Ela é ao mesmo tempo uma chave comum para a compreensão da mensagem artística e para a transformação de seu conteúdo paradoxal em formas de expressão visíveis.

Mas antes que possa vir a ser patrimônio comum, deve tornar-se usual para todo mundo através da escola. Essa meta não pode ser atingida por meio do puro saber teórico; a teoria deve sempre ser acompanhada pela experiência prática contínua.

Acentuação da Experiência Prática

As capacidades condicionadas pelo sentimento não podem ser desenvolvidas por métodos analíticos, mas tão-somente por disciplinas criativas, como a música, a poesia e as artes plásticas. O fazer é certamente mais do que um simples recurso do pensamento. É uma experiência básica, imprescindível para a unidade de plano e execução. É o único meio de educação que interrelaciona nossos talentos de observação e invenção.

Se comparamos os métodos de ensino atuais na arte do *design* com os do passado, evidencia-se à primeira vista uma discrepância. Antigamente o projeto surgia na prática da oficina, hoje ele provém da platônica prancheta. O que era antigamente apenas um recurso do criador — o desenho no papel — tornou-se hoje a disciplina essencial do projetista. É típico da educação artística atual o fato de o acento do ensino ter-se transferido da prática para a disciplina intelectual. Mas poderá um arquiteto tornar-se mestre na sua profissão sem dispor de qualquer experiência com ferramentas e material e sem o conhecimento que ele adquire no processo da construção? Dever-se-ia, por conseguinte, libertar a educação arquitetônica de sua atual ligação acadêmica? Muitos arquitetos concordariam com esta mudança decisiva no sentido da maior acentuação da experiência prática. Pessoalmente alimento sérias dúvidas de que a atmosfera livresca nas universidades constitua clima saudável para a formação de arquitetos. O impacto da indústria em nossa profissão é tão forte que a geração mais jovem deveria ser formada em contacto íntimo com a indústria de construção e seus laboratórios. Mas como esta desejável mudança só se efetua lentamente, tentarei esboçar um plano de ensino transitório, que utilize as atuais facilidades acadêmicas, mas procure formar um liame entre o ensino acadêmico e a experiência direta na oficina e no canteiro.

Oficina Experimental e Curso Preparatório

A educação contínua das habilidades essenciais numa oficina experimental, ao lado do estudo dos fundamentos do *design* — linha, plano, volume, espaço e composição — deveria existir em todos os graus da instrução geral e profissional. Tanto a reintrodução do trabalho prático na oficina quanto a introdução de novos cursos que levem à linguagem comum da expressão visual são pressupostos necessários para um ensino bem sucedido nas artes plásticas e principalmente na arquitetura.

Essa formação deve principiar com um curso preparatório geral ao qual competirá coordenar os elementos de artesanato e o *design*. Como o principiante ainda não conhece a relação em que se acha com o mundo em conjunto, seria errôneo impor-lhe idéias "profissionais" ou uma especialização no começo de sua formação. *Em sua disposição natural para conceber a vida como um todo, o estudante deveria receber primeiro uma vista panorâmica do extenso campo das possibilidades de expressão que se estende diante dele.* A formação normal, onde tudo se dirige para o puro desenho, não constitui preparo suficiente. Certamente o desenho e a pintura são meios de expressão muito valiosos, mas papel, lápis, pincel e aquarela não bastam para desenvolver o sentido do espaço, tão necessário à livre expressão. O aluno deveria, em conseqüência, ser familiarizado primeiro com experimentos tridimensionais, isto é, com os elementos do "construir", ou seja, da composição espacial por meio de toda sorte de experiências materiais. Assim a observação dos contrastes, por exemplo entre áspero ou liso, duro ou mole, tensão ou calma, levará o estudante a descobrir, mesmo pelo uso das mãos, as peculiaridades dos materiais, suas estruturas e texturas. Trabalhando com o material, ele começa logo a compreender o que seja superfície, volume, espaço e cor. Além da agilidade técnica, desenvolve também sua própria linguagem formal para plasmar visivelmente seus pensamentos. Terminados esses estudos elementares, estará apto a empreender composições de sua própria invenção.

O escopo de tais exercícios de *design* é mais o desenvolvimento da personalidade do que a habilidade profissional. O êxito depende muito da capacidade do professor, que deve despertar a fantasia de seu aluno por meio de encorajamento e motivação e opor-se com grande objetividade a toda tentativa de imitar as concepções de outrem, inclusive as do professor. O estudante efetuará então a necessária descoberta que lhe dirá, depois de seu prévio trabalho intelectual de natureza experimental, se está capacitado para a função criativa.

Essa formação preparatória infunde confiança e independência, devendo fecundar e apressar qualquer formação profissional subseqüente.

Formação Profissional

Semelhante estudo inicial possibilita agora a formação profissional especializada em sólidas bases. Mas o jovem arquiteto continuará necessitando da oficina e do canteiro para adaptar seus projetos à natureza do material e às técnicas de produção. Agora compreenderá também que seu conhecimento da linguagem visual, sua habilidade de construir, desenhar e representar são meios imprescindíveis para expressar criativamente as idéias sociais de seu tempo.

Atividade Prática

A melhor maneira de preservar a uniformidade da formação em todos os graus é ligá-la o máximo possível à experiência prática real. As tarefas propostas devem relacionar-se com os fatos reais; com um terreno efetivo de construção sob a supervisão de um "dono da obra". Quanto mais o trabalho conjunto de professor e estudante se parecer com o trabalho no escritório de construção, tanto melhor. A visita a construções, fábricas e institutos de pesquisas fomentará mais a fantasia do estudante e reforçará seu entendimento da fabricação e do processo de construção. O mais importante é deixá-lo trabalhar como aprendiz ou ajudante do mestre em um canteiro de obra, para que aprenda as diversas fases do processo de construção, familiarizando-se com a montagem das diversas partes e com os atritos que são de esperar entre as diversas firmas especializadas que participam da obra. Como pode um estudante aprender na prancheta a cobrir um telhado e a fazer uma calafetação ou a julgar, a partir do papel somente, os problemas econômicos e técnicos que devem determinar a seqüência certa do processo de construção? Só na prática, só pela observação perspicaz do processo de obra com base nos desenhos, poderá ele reunir experiências que lhe tornam compreensível o andamento. As experiências feitas por outros e a ele transmitidas apenas na teoria, permanecem para o aluno afirmações não fundamentadas; só lhe é dado aprender verdadeiramente através da experiência própria e, não do ditado. Por isso todo estudante deveria, antes de se apresentar ao exame final, seguir o levantamento de uma obra do começo ao fim; tal experiência no canteiro de obra deveria ser obrigatória.

Finalmente as escolas deveriam manter algumas oficinas experimentais vinculadas a coleções de modelos, onde professores e alunos pudessem juntos fazer experiências no tratamento de superfícies de componentes internas e externas de construção, com respeito a texturas e cores e efeitos espaciais. Como a parte prática da profissão de arquiteto está ligada ao desenvolvimento técnico, deveríamos, já na escola, dar oportunidade ao estudante de arquitetura para que possa experimentar e testar como os estudantes de medicina, biologia e química o fazem em seus laboratórios.

História da Arte e da Arquitetura

Estudos analíticos de história da arte e arquitetura podem familiarizar o estudante com condições e causas que geraram a expressão formal das diversas épocas, isto é, as transformações na filosofia, na política e nos métodos de produção, que provieram das novas descobertas. Tais estudos podem trazer para o aluno a confirmação de princípios que ele descobriu em seus próprios exercícios com superfície, volume, espaço e cor, mas ele não pode extrair daí regras para a enformação atual, pois essas devem ser conquistadas, para cada época, por meio de um novo trabalho criativo. Por isso, atualmente, os estudos históricos deveriam ser ministrados de preferência a estudantes mais velhos, que já encontraram sua própria expressão. Se introduzirmos o principiante inseguro nas grandes obras-primas do passado, ele será facilmente desencorajado de fazer suas próprias experiências criativas. Se ele, pelo contrário, já alcançou expressão na própria oficina e no estúdio, então os estudos de história de arte serão altamente adequados para lhe aprimorar o pensamento, sem transviá-lo para as imitações. Tais estudos devem por isso principiar somente no terceiro, e não já no primeiro ano da formação.

Resumo novamente minhas idéias sobre esse plano de transição para a formação de arquitetos:

1. O arquiteto é em primeiro lugar um coordenador — um homem de visão e competência profissional, com a tarefa de solucionar harmonicamente os vários problemas sociais, técnicos, econômicos e artísticos que surgem em conexão com a construção.

O arquiteto deve conhecer a influência da industrialização, bem como pesquisar e explorar as novas relações ditadas pelo desenvolvimento social e científico.

2. Na era da especialização, o método é mais importante que a instrução. A formação do arquiteto deve obedecer a um planejamento concêntrico e não desconexo. Em todo seu transcurso, ela deve ser de natureza abrangente e levar pouco a pouco à maior segurança na concepção — isto é, ao pensamento claro e ao domínio dos meios de aplicação. Ela deve ter por mira ensinar ao estudante que ele só pode chegar

a uma convicção própria através da adaptação criativa e pensamento independente e não da aceitação de receitas prontas.

A unidade do objetivo da educação é decisiva. O homem deve ser o centro; suas necessidades espirituais e materiais em relação à vida da comunidade determinam todas as fases da educação.

2a. A solução de toda tarefa a executar — seja a de fazer uma cadeira, uma construção ou uma cidade inteira — deve proceder de uma concepção especial e social homogênea. O ideal comum, a que todos esses ramos do *design* precisam servir, deve sobrepujar as realidades materiais e técnicas; todo produto do *design* tem de ser parte de um todo orgânico, tem de ser parte de nosso mundo-ambiente.

3. O pensamento tridimensional é a disciplina arquitetônica básica. Os métodos de ensino, destinados a capacitar os estudantes a se exprimirem visualmente em todos os campos das artes plásticas, devem treiná-los para que aprendam primeiro a ver direito e agucem o sentido da distância espacial e escala humana. Tais disciplinas são imprescindíveis para dar ao *design* a segurança instintiva de conceber o espaço tridimensional em termos de construção, economia e beleza harmônica.

4. O saber só pode tornar-se vivo através da experiência pessoal. Por isso projeto e processo de construção, prancheta e obra precisam estar profundamente ligados em todas as fases do estudo. A prática da construção não deve ser aditada posteriormente, como disciplina especial, após o término de um curso acadêmico de vários anos mas deve ser parte integrante do próprio ensino.

5. No primeiro ano a prática do desenho e da oficina elementares, profundamente interligados, devem iniciar o estudante nos fundamentos da construção e do "construir" por meio de exercícios tridimensionais com materiais e ferramentas. Ao mesmo tempo, um curso de projeto deveria propor tarefas atuais e adaptar a atividade total da classe à meta principal: melhorar a vida da comunidade mediante bons projetos e bom planejamento. Cumpre, por isso, integrar nesses primeiros estudos abrangentes também elementos básicos de planejamento.

6. No segundo e no terceiro anos, o *atelier* de projeto e construção é completado pela atividade na obra, durante as férias de verão, e pela atividade no laboratório de construção da escola, para aprofundar e harmonizar as experiências já colecionadas. A expressão "prática" não se refere ao trabalho em escritório de construção, mas à experiência imediata em uma obra como assistente do contramestre ou mestre. Essa experiência nos canteiros de obra, com duração mínima de seis meses, teria de ser obrigatória para todo diploma de arquiteto. A familiarização direta com a indústria de construção seria incluída nessa etapa da formação.

7. A construção precisa ser ensinada como parte integrante do projeto. Ambos dependem um do outro, ambos têm a mesma importância. Nenhum estudante deveria ser aceito para exame, enquanto fosse insuficiente em um dos dois domínios. O projeto e a construção precisam estar em relação com as realidades do terreno e com o objetivo a que a construção vai servir, devem adaptar-se como parte integrante da configuração conjunta da vizinhança e finalmente levar em conta o importante fator da economia.

8. Os estudantes deveriam ser educados para o trabalho em grupo — também com estudantes de vocações afins — a fim de aprenderem como se atua em sociedade com outros. Isto os preparará para a função vital de um dia dirigir o exército de colaboradores que participam da idealização e execução de um projeto de construção. O labor em equipe leva, graças ao auxílio da crítica mútua, a sólido e equilibrado trabalho de projetos e impede o sensacionalismo.

9. Os estudos históricos seriam iniciados de preferência no terceiro ano em vez do primeiro, de modo que os alunos fossem resguardados da imitação e do desânimo. No estágio mais avançado, ajudá-los-ão a pesquisar as origens das obras-primas do passado e a mostrar-lhes, por meio de exemplos à mão, como a concepção arquitetônica de uma época passada provinha da religião, da posição social e dos meios de produção então reinantes.

10. Cumpriria aceitar apenas aqueles professores que possuíssem suficiente experiência tanto no projeto como na construção. A tendência de convidar

arquitetos demasiado jovens, que mal acabam de rematar sua formação acadêmica, para serem professores, é prejudicial. Só professores com vasta experiência estão capacitados a estimular constantemente o aluno. O estímulo é a melhor coisa que a educação pode oferecer, pois conduz o estudante à iniciativa própria. Todo professor de arquitetura e engenharia deve ter o direito de realizar trabalho privado, pois somente este pode lhe revigorar as forças criativas. Sem um trabalho assim o professor estratifica-se rapidamente, retira-se então para sua plataforma "autoritária".

11. Escolas de arquitetura menores — com mais ou menos cem ou cento e cinqüenta alunos — parecem mais produtivas do que as grandes. Os mais valiosos fundamentos de uma escola, a "atmosfera" intensiva e o vigor intelectual, resultam da participação conjunta de professores e alunos em todas as tarefas; em escolas grandes demais, em que o trabalho em grupo mal pode existir, ela se perde facilmente.

12. A eficácia do ensino depende muito do número de alunos que o professor tem a seu cargo. A formação de um arquiteto exige treino individual centrado no talento específico do estudante e no estágio de seu desenvolvimento. Um professor sobrecarregado estará perdido para seus estudantes. O número máximo desejável fica entre doze e dezesseis alunos por professor.

Em todos os meus argumentos frisei principalmente o fator criativo. Isso significa que, na educação do arquiteto criativo, importa mais o procurar e menos o examinar. Acredito que um tal programa levará nossos futuros arquitetos da observação à descoberta, da descoberta à invenção e finalmente à configuração intuitiva de nosso mundo-ambiente.

5. DESENVOLVIMENTO INICIAL DA MODERNA ARQUITETURA *

Estamos hoje em condições de provar que as manifestações da nova arquitetura se desenvolveram lógica e conseqüentemente a partir das condições intelectuais, sociais e técnicas da época e não dos caprichos modernistas de alguns arquitetos maníacos por novidades. Foi necessário um quarto de século de lutas sérias e profundas para que surgisse a nova forma arquitetônica, que apresenta em sua estrutura tantas mudanças básicas em relação ao passado. Eu poderia caracterizar o estado atual da arquitetura moderna da

(*) Ver W. Gropius, "The Formal and Technical Problems of Modern Architecture and Planning", *Journal of the Royal Institute of British Architects*, Londres, 29 de maio de 1934.

seguinte maneira: deu-se a abertura para uma nova faceta da arquitetura, correspondente à era da técnica, o formalismo dos estilos ultrapassados foi destruído, voltamos à idéia, à sinceridade de opinião. A antiga indolência do público com respeito a todas as questões arquitetônicas foi abalada, seu interesse pessoal pela arquitetura como um problema que toca à vida diária, que concerne a *todos*, aumentou em larga escala e os traços de seu desenvolvimento se delineiam claramente na Europa.

Mas esse desenvolvimento deparou obstáculos: manifestações, teorias e dogmas confusos, dificuldades técnicas (reforçadas pela depressão econômica geral do após guerra de 14) e os perigos do jogo formal. O pior foi que a "nova arquitetura" tornou-se moda em muitos países. Imitação, esnobismo e mediocridade falsificaram os propósitos fundamentais da inovação, que se baseavam na sinceridade e simplicidade. *Slogans* mal propagados ou incutidos, como o da "nova objetividade" e o do "prático igual ao belo" desviaram a reflexão sobre a arquitetura moderna para caminhos secundários e exteriores. Essa caracterização unilateral da "nova arquitetura" corresponde ao desconhecimento dos verdadeiros motivos de seus iniciadores e à mania desastrosa dos superficiais que encerravam os fenômenos em um círculo isolado, em vez de ligar os opostos.

O conceito da racionalização, por exemplo, que é considerado por muitos como a principal característica do novo movimento arquitetônico, é apenas *uma* parte do processo purificador. A outra parte, a satisfação de nossas necessidades interiores, é tão importante quanto a dos materiais. Ambas pertencem à unidade da vida. A libertação da arquitetura do caos decorativo, a ênfase nas funções de suas partes estruturais, a busca de uma solução concisa e econômica, é apenas o lado material do processo criativo do qual depende o valor prático da nova obra arquitetônica. *Bem mais importante, porém, que essa economia funcional, é a produção intelectual de uma nova visão do espaço no processo de criação arquitetônica. Assim, ao passo que a prática arquitetônica é problema da construção e do material, a essência da arquitetura repousa no assenhoreamento da problemática espacial.*

Mas é evidente que a transformação que levou da produção manual à máquina absorveu por um século de tal maneira a humanidade que ela se apoiou por longo tempo em estilos tomados por empréstimo e decorações formalistas, sem penetrar nas verdadeiras questões do *design*.

Este estado de coisas terminou. Desenvolveu-se um novo ponto de vista arquitetônico, que procura o essencial, um novo sentimento de espaço transformado e os bons exemplos, já numerosos, dessa nova concepção artística, mostram, em sua configuração mutável, novos resultados desse espírito transformado e de seus novos recursos técnicos.

Até onde se desenvolveu a luta e qual a participação dos diversos países? Começo com os primórdios na época pré-guerra de 14 e limito-me a comparar os mais importantes autores da "nova arquitetura": Berlage, Behrens, Gropius, Poelzig, Loos, Perret, Sullivan, St. Elia até o ano de 1914, cada qual com uma obra. Faço ao mesmo tempo um balanço conciso do pré-guerra. O determinante nessa escolha não é a beleza das obras, mas a produção criativa autônoma pela qual o movimento arquitetônico foi profundamente influenciado. Com uma exceção, trata-se, o que me parece importante, de estabelecimentos construídos para fim prático e não de planos no papel.

A Alemanha deu a principal contribuição à "nova arquitetura". Bem antes da guerra existia na Alemanha o movimento da Liga de Ofícios Alemã *. Uma personalidade como Peter Behrens não era então uma figura estranha e solitária, mas dispunha de forte apoio na Werkbund. Este era o receptáculo da inovação. Lembro-me muito bem da Exposição da Liga em 1914 e do apaixonado debate travado no congresso público da Werkbund, ao qual compareceram também muitos estrangeiros. Nos anos de 1913 e 1914 surgiram também os famosos anuários da Liga de Ofícios. Colaborando ativamente neles obtive minha primeira visão geral do movimento, como resultado de uma espécie de levantamento da atividade arquitetônica de então. Nessa época, de 1911 a 1914, realizei também minhas duas primeiras construções de maior importância, a

(*) Deutscher Werkbund.

fábrica "Fagus" e o prédio de escritório da exposição de Colônia, que já mostram as principais características da arquitetura funcional moderna.

Nessa época, antes da guerra, a mais importante figura na França era Auguste Perret. De 1911 a 1913 surgiu o Théâtre des Champs Elysées, em colaboração com o belga van der Velde, que atuava na Alemanha na cidade de Weimar e estava em íntimo contacto com a Liga. A principal glória de Perret é o seu extraordinário talento construtivo, que ultrapassava de longe sua força de *designer* espacial. Embora mais engenheiro que arquiteto, pertenceu sem dúvida aos iniciadores da nova arquitetura, justamente por ter encontrado meios de distribuir o peso monumental da arquitetura anterior por meio de construções arrojadas e completamente novas. Mas durante muito tempo esse pioneiro não alcançou repercussão na França e foi ignorado.

Na Áustria, Otto Wagner construiu no fim do século o edifício da Caixa Econômica Postal. Teve coragem de mostrar novamente superfícies limpas, sem decorações e perfis. Mal podemos conceber hoje em dia a revolução suscitada por seu passo. Ao mesmo tempo, na Áustria, Adolf Loos escrevia livros e artigos e construía, em frente ao castelo, em Viena, a casa comercial do Michaelsplatz, que tanto indignou os espíritos dos vienenses acostumados às formas barrocas.

Em 1913 começou na Itália o futurismo. A ele pertenceu St. Elia, que infelizmente morreu na guerra. Por ocasião da exposição trienal de Milão, em 1933, Marinetti, o fundador do futurismo, festejou-o como um dos mais importantes promotores da "nova arquitetura". Realmente St. Elia escreveu em 1913 palavras admiráveis a respeito da arquitetura do futuro, mas nunca chegou à aplicação prática; seu edifício, em uma rua de quatro andares, ficou no projeto.

Na Holanda, o desenvolvimento foi mais lento. Os arquitetos Berlage, de Bazel, Lauweriks, partindo de uma visão antroposófica do mundo, haviam reintroduzido o uso de sistemas geométricos no projeto. Ao mesmo tempo, como os notáveis precursores ingleses Ruskin e Morris, tinham impresso novo impulso ao artesanato; uma linha romântica-mística predominava na Holanda até o após guerra. Só alguns anos depois

Fig. 35. Fundadores da novarquitetura até 1914.

1906: Sullivan.

1910: Loos.

1910: Behrens.

1911: Gropius.

1911: Poelzig.

1911-1913: Perret.

1913: St. Elia.

1914: Berlage.

da exposição da Werkbund em 1914, isto é, por volta de 1917, começou o novo movimento do "Stijl" cuja liderança coube a Oud e van Doesburg. Por volta de 1914, as construções mais avançadas da Holanda eram o edifício comercial de Berlage (Fig. 35) e os conjuntos habitacionais de Klerck.

Nos Estados Unidos, a irrupção da nova técnica começou na década de oitenta. Já em 1883, Root construía em Chicago um arranha-céu de tijolos. No fim do século, Sullivan, o pouco conhecido professor de Frank Lloyd Wright, erigiu edifícios que fizeram época e redigiu princípios de arquitetura que já contêm o cerne de nosso atual ensino funcional *Form should follow function*. Na teoria, Sullivan foi mais coerente do que Frank Lloyd Wright, que trouxe mais tarde aos arquitetos europeus numerosos estímulos no sentido espacial e construtivo, mas que, no tempo de após guerra, em conferências e artigos com forte acento romântico, se opôs ao movimento europeu da "nova arquitetura". Os americanos possuem hoje a mais desenvolvida técnica arquitetônica do mundo — estudei-a detalhadamente — mas, apesar de Sullivan e Wright, apesar da técnica e organização arquitetônicas superdesenvolvidas, o progresso artístico estagnou. O necessário preparo espiritual está ainda, nesse país, longe de ser alcançado.

As mais importantes linhas do desenvolvimento do período pré-guerra ficam com isso traçadas. Veio a guerra e, com seu término, o novo movimento arquitetônico ramificou-se, ao mesmo tempo, por diferentes centros. O movimento arquitetônico mais orgânico e o que se desenvolvia com mais constância foi o alemão, porque todos os seus chefes pertenciam à Liga e logo encontraram ressonância em largos círculos de partidários. Em 1919, surge a Bauhaus em Weimar, e logo depois, sob sua influência, o movimento de construção habitacional nas cidades, com sua forte tendência social. Mais tarde o movimento foi apoiado em grande escala também por autoridades públicas.

Na Holanda, começou o movimento "Stijl", surgiram as construções de Oud, Rietveld e van Loghem e ao mesmo tempo Amsterdã construiu seus extensos núcleos habitacionais. O Stijl exerceu intensos efeitos propagandísticos, acentuou porém em demasia as tendências formalistas e deu impulso a que a forma arquitetônica cúbica entrasse em moda. Hoje o ponto de vista construtivista começa lentamente a expulsar o romântico-modernista.

Mais ou menos na mesma época do Stijl, Le Corbusier, o suíço francês, que também estudara algum tempo com Peter Behrens, começou a atuar na França com seus escritos e construções. Em 1916 ainda, construía com pilastras e cornijas, depois começou a publicar o *Esprit Nouveau* e produziu então, em progresso contínuo, uma obra arquitetônica e literária de admiráveis proporções, que causou profunda impressão principalmente entre a juventude dos diversos países. Mas em contraste com a Alemanha, onde todo um círculo de vida surgira dentro e em volta da Bauhaus, na França o movimento permaneceu um assunto individual e pessoal de poucos, a sociedade ficou indiferente e não tirou as conseqüências necessárias à formação de uma nova escola.

A Suíça produziu, após a guerra de 14, um bom número de arquitetos capazes, que influíram fortemente no desenvolvimento, principalmente no tocante aos problemas de arquitetura urbana.

A exposição arquitetônica de Estocolmo em 1930 significou, nos países nórdicos, um grande êxito da "nova arquitetura".

A contribuição da Inglaterra reside sobretudo no setor das habitações e planejamento urbano. As idéias de Sir Raymond Unwin e as cidades-jardim inglesas fertilizaram todo o movimento habitacional europeu.

Na Bélgica, Bourgeois efetuou recentemente um trabalho valioso. Interveio também com sucesso no replanejamento de Bruxelas.

Grupos jovens e dinâmicos reuniram-se na Checoslováquia, Polônia, Espanha e Inglaterra. Também no Japão trabalha um grupo muito ativo em Osaka.

Nos Estados Unidos, atuam, no sentido do movimento arquitetônico europeu e daí emigrados, o austríaco Neutra e o dinamarquês Loenberg-Holm, ambos com importante força de iniciativa. A nova geração americana, que em parte estudou nos últimos anos da

Bauhaus, também começa lentamente a encontrar seus próprios componentes formais.

O surgimento da colaboração comum, que eu mencionei com tanta insistência, é característica principalmente dos mais recentes desenvolvimentos da nova arquitetura. Nos mais diversos países jovens arquitetos formaram, como na Bauhaus, grupos de trabalho sem quaisquer compromissos, que realizam em conjunto suas elaborações práticas e teóricas. Na minha opinião, essas comunidades de trabalho são muito fecundas e correspondentes à nossa época, sobretudo quando de seu quadro participam engenheiros e economistas. Tais grêmios, sob direção daquele que possui dons de liderança na seleção humana e material, dão margem à profundidade e multilateralidade das obras em elaboração pois um fertiliza o outro; mas só podem surgir voluntariamente, da camaradagem humana, não podem ser organizados por preceitos, regras e regulamentos.

Em função dos mesmos ideais reuniu-se um grupo, "Les Congrès Internationaux d'architecture moderne", denominado CIAM, que se constituiu na Suíça e reuniu, no entretempo, grupos de vinte e sete países, em um verdadeiro congresso de trabalho. O congresso pretende intercambiar as experiências dos países e resumi-las com a finalidade de levantar conclusões objetivas e sugestões comprovadas para o moderno urbanismo, a fim de lhe proporcionar aceitação pública nos diversos países. Essa tendência de trabalho não é certamente fruto de um acaso, mas de um progresso contínuo dos fundamentos até agora alcançados pela "nova arquitetura" para a unidade maior: a cidade. Ao conceber sua profissão como a de um organizador sintetizante, que deve elaborar em uma unidade todos os problemas formais, técnicos, sociais e econômicos, o novo arquiteto viu-se necessariamente levado, em sua pesquisa da função, da casa ao bairro, do bairro ao organismo mais complexo da cidade inteira e, finalmente, ao planejamento regional e nacional. Creio que o futuro desenvolvimento da nova arquitetura deve ser esperado dessa ampliação, com o aprofundamento de todos os detalhes e a conquista de uma representação conjunta cada vez mais rica do mundo da criação arquitetônica, este mundo, vasto, indivisível, ancorado na própria vida.

Segundo essas provas da pureza básica do novo movimento arquitetônico, ninguém que examine suas fontes pode afirmar que ele seja uma ebriedade técnica sem qualquer tradição, que destrua cegamente todos os laços nacionais e termine em fanática adoração materialista. As leis, que devem pôr fim à arbitrariedade do indivíduo, foram conquistadas por meio de pesquisa profunda no campo social, técnico e artístico. *Sou da opinião de que nossa concepção das tarefas da nova arquitetura nunca ataca o conceito da tradição, pois o respeito à tradição não significa o prazer da agradável ou cômoda ocupação, estético-formalista, com formas artísticas passadas, mas foi e é sempre luta pelo essencial, portanto por aquilo que está por trás da matéria e da técnica e que com sua ajuda procura sempre a expressão visível.*

6. A ARQUITETURA NÃO É ARQUEOLOGIA APLICADA *

A arquitetura deve ser um espelho da vida e do tempo. Deveríamos pois reconhecer em seus traços atuais as forças motrizes de nossa época. Recebemos, entretanto, impressões contraditórias. Se, por exemplo, comparamos construções públicas de caráter "clássico", como talvez a National Gallery em Washington, com o novo complexo de construções da ONU, concluiremos que há um contraste evidente.

Uma discrepância ainda mais confusa podemos, entretanto, encontrar no estilo arquitetônico das uni-

(*) Este artigo, publicado no *New York Times Magazine*, de 2 de outubro de 1949, sob o título "Not Gothic But Modern for Our Colleges", recebeu o prêmio Howard Myers Memorial, em 1951.

109

versidades americanas, cuja finalidade deveria ser a de influenciar e formar a jovem geração que cresce nesse ambiente.

Deve o estilo arquitetônico ser gótico ou classicista, deve preencher as necessidades da moderna vida universitária com "novos" meios de expressão, sem se preocupar com as formas tradicionais? O desenvolvimento moderno parece estar abrindo caminho ultimamente, mas como isso aconteceu? O que será da tradição? Que ponto de vista adotam hoje, a este respeito, os educadores responsáveis? Tais perguntas parecem tocar as raízes de nossa civilização e deixam transparecer quer suas fraquezas quer suas virtudes.

Arquitetura boa, e original, depende tanto de um público compreensivo quanto de seus criadores.

Vasari relata na história do Duomo de Brunelleschi, em Florença, que toda a população participou desse acontecimento. Os homens só recebem, em geral, aquela arquitetura para a qual amadureceram e a respectiva tendência de seu sistema de educação, reforçando as tendências criativas ou ecléticas, é decisiva para sua atitude.

É característico da atual posição analítico-intelectual que a maioria dos planos de educação influentes apenas rocem superficialmente as artes plásticas e não as tratem como disciplina pertencente ao plano geral da educação. Confiamos demais nas virtudes de uma instrução intelectual. Assim, as artes plásticas são ensinadas na escola por métodos históricos e críticos, em lugar de o serem pela iniciação prática no processo e técnica da criação manual. Os conhecimentos estéticos desalojaram, em geral, a postura criativa em relação à arte.

Aqui encontramos, agora, o verdadeiro motivo para a atitude temerosa, que tão freqüentemente se revela quando é preciso determinar o caráter arquitetônico de novas construções universitárias. Esquecemos, parece, que, com estas, se abre nova oportunidade de planejar nas formas de nosso próprio tempo.

Precisamos de uma nova ordem de valores visuais. Enquanto nadarmos na corrente interminável de elementos formais tomados de empréstimo, dificilmente teremos êxito na tarefa de dar forma à nossa própria cultura, pois cultura significa a aplicação de métodos artísticos próprios, que exprimem da melhor maneira as idéias e a linha intelectual de nossa época.

A influência do ambiente sobre um jovem durante o tempo de sua formação é sem dúvida de importância decisiva. Se a universidade deve ser a base para o desenvolvimento cultural da jovem geração, sua atitude deve ser criativa e não imitativa. Um ambiente estimulante é tão importante para libertar as energias criativas do estudante quanto o dinamismo do professor. O jovem procura a autenticidade e não a máscara. Enquanto não exigirmos que também ele ande em roupas estilizadas, parece absurdo construir edifícios de universidades em pseudo-estilo. Como podemos esperar que nossa juventude se torne corajosa e direta em seu modo de agir, se a enterramos em esquifes sentimentais, onde lhes é mostrada uma cultura que já desapareceu há muito tempo?

Os pressupostos físicos e intelectuais, que determinam o plano de um edifício, desenvolvem efeito recíproco. São partes da nossa vida atual e consciente. É anacronismo preencher as funções físicas com os mais novos recursos técnicos, ao mesmo tempo que recorremos a laços históricos para a expressão das funções espirituais. Tal tentativa significa confundir a arquitetura com arqueologia aplicada. A arquitetura genuína de crescimento orgânico exige inovação constante.

A história mostra que o termo "beleza" se transformou com o desenvolvimento intelectual e técnico. *Sempre que o homem acreditou ter encontrado a "beleza eterna", recaiu na imitação e esterilidade. A tradição legítima é o produto de um crescimento ininterrupto. Para servir de estímulo ao homem, sua qualidade deve ser dinâmica, não estática.*

Se observo desta posição meu atual trabalho — o projeto para o novo Graduate Center de Harvard University — e penso como esse complexo de edifícios pode converter-se em liame vivo entre a missão histórica de um grande Instituto de Educação e o espírito agitado e indagador da juventude atual, então sei que esse edifício deve conquistar o apoio espontâneo dos estudantes e, ao mesmo tempo, deve enquadrar-se na tradição arquitetônica específica de Harvard.

O que é essa tradição? O *yard* de Harvard, familiar a tantos filhos dos EUA, revela um tema básico

111

vivo de *design* arquitetônico, respeitado por todos os arquitetos que lhe incorporaram novos edifícios pelos séculos afora. Uma série de pátios ajardinados de diferentes tamanhos e limitados pelos edifícios mais diversos oferece uma seqüência arquitetônica de surpresas espaciais.

Essa formação espacial cumpre uma velha lei da arquitetura: sintonizar artisticamente as massas de construções e os espaços abertos, em consonância com a sensibilidade humana para harmonia de espaço e escala.

Embora cada um dos edifícios forme parte integral do todo, eles diferem muito entre si. O famoso legado arquitetônico trissecular de Harvard não poderia ser mais variado na forma e na cor. Mas tudo se enquadra ao nobre tema geral do Harvard Yard.

Um cuidadoso estudo dessa disposição de espaços abertos e obras construídas precedia portanto meu projeto para o Harvard Graduate Center. Aí reside a mais íntima tradição de Harvard. Com os recursos da moderna arquitetura, esse tema intemporal dos pátios pode ser novamente realizado, já que ainda se insere vivo em nossa época.

Realmente não tem mais sentido imitar esta ou aquela "atmosfera" de um estilo passado. *Novos edifícios devem ser descobertos, não imitados.* Os grandes períodos arquitetônicos do passado nunca imitaram os estilos de seus ancestrais. Numa única construção encontramos, lado a lado, as formas características da arte romântica, gótica e renascentista (Fig. 38). É inútil procurar por cópias do passado, que deveriam manter talvez uma uniformidade "cosmética" exterior. A unidade resultou do ajustamento à ordem espacial dos prédios vizinhos, não de uma imitação de suas fachadas. Nunca foi exigida, no passado, a harmonia das fachadas. Somente o nosso preconceito estético para com períodos peremptos impôs fachadas "clássicas" a inúmeros prédios universitários, construídos na era da industrialização.

Creio que é preciso descobrir um novo caminho, para dar expressão, também na arquitetura, às grandes transformações de nosso tempo.

Por exemplo, tornou-se uma tarefa interessante para o moderno arquiteto a de utilizar sempre as mes-

Fig. 36. O Harvard Yard. Em cima, à esquerda, o New Graduate Center.

Fig. 37. O Harvard Graduate Center (Arquiteto – The Architects Collaborative, 1949). Foto Fred Stone.

Fig. 38. *Igreja em Bergamo, Itália. Vêem-se lado a lado elementos arquitetônicos do Românico, do Gótico e da Renascença. Foto Konrad Wachsmann.*

Fig. 39. *Comparação entre métodos antigos e novos de divisão de blocos.*

mas partes de construção padronizadas mas combinando-as de uma forma tal que tenham efeitos diversos. No Graduate Center, tentei interromper a monotonia das janelas iguais por meio da mudança de direção dos blocos de edifícios, assim como pela variação de suas fachadas e ligações. O resultado é uma seqüência de aspectos bem diversos para o observador.

Além disso, aprendemos que é necessária uma variação de impressões a fim de aumentar a receptividade do homem. *Para criar esse estímulo, modernos artistas e arquitetos tentam produzir a ilusão do movimento.* As estreitas janelas de grade com pequenas vidraças, necessárias em outros tempos, por causa dos limitados métodos de fabricação de vidro, foram substituídas por grandes aberturas de janelas com vidros inteiros. Eles nos permitem tratar o espaço exterior como parte da composição arquitetônica, que não mais termina nas paredes externas, mas produz nova correlação entre interior e exterior. Esta se tornou uma característica própria da arquitetura moderna, que consciente ou inconscientemente deve influenciar a todos.

Querer construir na era da industrialização com os recursos de um período artesanal é considerado, cada vez mais, como algo sem futuro. Ou a gente malogra em vista das dificuldades financeiras decorrentes da escassez de bons artesãos, ou acaba com os estéreis produtos de imitação de origem industrial.

Não podemos fazer infinitas tentativas de revitalização. A arquitetura tem de progredir ou perecer. Sua nova vida deve surgir das tremendas transformações no campo social, técnico e estético, ocorridas nas duas últimas gerações.

Nenhum estilo de épocas passadas pode espelhar a vida dos homens do século XX. *Não há na arquitetura nada de definitivo — apenas transformação contínua.*

7. A POSIÇÃO DO ARQUITETO DENTRO DE NOSSA SOCIEDADE INDUSTRIAL*

Para minha análise da situação atual parto da pressuposição de que a arquitetura, como forma de arte, principia do outro lado das necessidades construtivas e econômicas, no plano psicológico da existência humana. *Satisfazer o psique humana por meio da beleza é tanto ou mais importante para uma vida civilizada quanto satisfazer a nossa necessidade material de conforto.* A repressão de sentimentos, que bloqueia o desenvolvimento de uma vida organicamente mais equilibrada, deve ser enfrentada no plano psicológico,

(*) "Gropius Appraises Today's Architect", *Architectural Forum*, Nova York, maio de 1952.

117

assim como se solucionam problemas práticos no plano técnico.

Será o criador da rosa ou da tulipa artista ou técnico? *Ele é ambas as coisas, pois na natureza utilidade e beleza são qualidades constitucionais, que dependem uma da outra. O processo de formação orgânica na natureza é um modelo perene para qualquer criação humana, provenha ela do trabalho de um descobridor científico ou da intuição do artista.*

Ainda temos em vista aquela unidade de mundo-ambiente e posição intelectual, como ela caracterizava a época pré-industrial. Sentimos que nossa própria época perdeu essa unidade, que *a doença de nosso atual ambiente caótico, sua feiúra e desordem, que muitas vezes nos penalizam, têm sua origem em nossa incapacidade de colocar necessidades fundamentais do homem acima dos imperativos econômicos e industriais.* Dominada pelas maravilhosas possibilidades da máquina, a cobiça humana interveio molestamente no ciclo biológico da sociedade humana, que conserva normalmente uma comunidade sadia. Nas camadas mais baixas da população, o homem foi degradado a uma ferramenta industrial. Eis a verdadeira razão da luta entre capitalismo e classe operária e da decadência das relações comunitárias. Agora enfrentamos a difícil tarefa de equilibrar novamente a vida da comunidade e humanizar a influência da máquina. Lentamente começamos a descobrir que o componente social pesa mais que os problemas técnicos, econômicos e estéticos que se relacionam com eles. *A chave para a reconstrução efetiva de nosso mundo-ambiente — eis a grande tarefa do arquiteto — reside na nossa decisão de reconhecer de novo o elemento humano como fator dominante.*

Mas, apesar dos esforços de uns poucos, falta-nos visivelmente um laço espiritual que nos capacite a encontrar juntos um denominador comum cultural, que seja suficientemente forte para nos reconciliar e reconduzir a uma forma de expressão conjunta.

Certamente os artistas dentre nós esperam impacientes por essa síntese, que uniria novamente o que agora se desmorona.

Não podemos negar que a arte e a arquitetura estavam convertidas em finalidade estética em si, porque haviam perdido o contacto com a comunidade durante a revolução industrial. Com ingredientes decorativos externos, procurava-se por o edifício vizinho na sombra, em vez de perseguir o propósito de desenvolver gradativamente um tipo variável, cujas repetidas aplicações daria aos conjuntos habitacionais um cunho harmônico. A tendência à "originalidade", em lugar da busca de fatores unificantes, caracteriza a geração arquitetônica passada, que recusava a influência da máquina por ser anti-humana. A nova filosofia arquitetônica reconhece a importância das necessidades humanas e sociais e aceita a máquina como a ferramenta da forma moderna, que deve justamente preencher essas necessidades.

Se reexaminarmos o passado, descobriremos que essa combinação da expressão formal coletiva com a diversidade individual existiu efetivamente em outras épocas. *O desejo de reproduzir uma boa forma "standard" parece ser uma função da sociedade humana, e já o era bem antes da revolução industrial.* A denominação 'standard' como tal nada tem a ver com os recursos de produção — sejam ferramentas ou máquinas. Nossas futuras casas não serão necessariamente produtos estereotipados como conseqüência da padronização e da pré-fabricação; a competição natural, no mercado livre, cuidará para que as partes de construção pré-fabricadas apresentem uma multiformidade tão individual quanto os artigos de consumo produzidos pela máquina, que hoje dominam o mercado. Também o homem das épocas anteriores à máquina aceitou naturalmente a repetição de formas-*standard*. Eram o resultado dos recursos de produção e costumes de vida de então e representavam uma fusão do melhor, onde muitos indivíduos haviam colaborado para a solução do problema. As formas-padrões da arquitetura do passado constituem uma feliz mistura de técnica e fantasia, ou melhor, uma completa concordância de ambos. Cumpriria reanimar outra vez o mesmo espírito — mas não em suas formas superadas — para que nosso atual ambiente pudesse ser remoldado com o novo meio de produção, a máquina.

Mas formas padronizadas que não são constantemente revistas e renovadas ficam logo superadas. Sabemos hoje que a tentativa de imitar as formas padronizadas do passado não tem sentido; que a idéia fixa de que novos edifícios devem sempre adaptar-se ao estilo já existente revela uma lamentável fraqueza de nosso tempo, sim, até mesmo uma silenciosa confissão de bancarrota intelectual, que não tem exemplo no passado. Desde a revolução em nossas próprias fileiras, que nos trouxe uma decantação, parecemos estar preparados para uma nova iniciativa criadora. Por isso convém, a nosso ver, verificar até que ponto nossa atual organização profissional corresponde às condições de nosso tempo, que aqui tentei analisar. Teremos levado em conta suficientemente as grandes revoluções no método de produção? Se examinarmos nossa tarefa sob o prisma da história tecnológica — e não vivemos por certo em uma era de calma contemplação e segurança — parece ser aconselhável rever novamente nossos princípios básicos. Alguns fatos alarmantes, que não podem mais ser ignorados, tornam necessária a revisão.

Nas grandes épocas do passado, o arquiteto era o mestre-canteiro ou mestre de uma "guilda de construção" e desempenhava importante papel no processo conjunto de produção de seu tempo. Mas com a transformação do artesanato em indústria, ele perdeu esse posto-chave.

O arquiteto de hoje não se converteu em um "mestre da indústria da construção". Abandonado pelo melhor artesão (que hoje emigrou para a indústria, onde domina a produção de ferramentas e trabalha nos laboratórios de experiência e testes) o arquiteto médio ainda pensa demais em termos de métodos artesanais antigos e permanece intocado, em lastimável medida, pelas mudanças revolucionárias que surgiram através da industrialização de todos os métodos de produção. Ele corre perigo de sucumbir na luta contra engenheiros, cientistas e empresários, se não modificar sua posição e não se adaptar à nova situação.

Separação entre Projeto e Execução

A completa separação entre projeto e execução de edifícios, que é comum hoje em dia, parece artificial em comparação com os métodos arquitetônicos de períodos mais antigos. Distanciamo-nos demais daquela posição original e natural, segundo a qual a concepção e realização de um edifício constituíam um processo inseparável e onde o arquiteto e o mestre-construtor eram a mesma pessoa. *Se o arquiteto do futuro quiser ocupar de novo uma posição de primazia, terá que retomar forçosamente um contacto mais íntimo com a produção construtiva.* Pois só em uma comunidade de trabalho com o engenheiro, o cientista e o empresário, o projeto, a construção e a economia poderão, talvez, ser refundidos em uma unidade — uma fusão de arte, ciência e negócio.

Vou expressar-me mais claramente e mostrar aonde pretendo chegar. Na conferência do American Institute of Architects em 1949, foi incluído o seguinte parágrafo nos estatutos dessa instituição: "Um arquiteto não pode agir nem direta nem indiretamente como empreiteiro".

Duvido da sabedoria de semelhante preceito, pois ele aprofunda ainda mais a separação existente entre projeto e construção. Ao invés, deveríamos procurar ligar ambos os campos de maneira orgânica, o que nos pode tornar novamente mestres-construtores. Naturalmente, este parágrafo-veto foi incluído com a melhor das intenções: pretendia impedir a competição desleal. Mas limita-se a uma proibição e não contém tentativa alguma para solucionar nosso dilema de maneira construtiva.

Não deveríamos alimentar nenhuma ilusão quanto à nossa influência aos olhos do empregador privado, que nos considera participantes de uma profissão de luxo, a que ele recorre quando lhe sobra dinheiro para o "embelezamento". Não nos considera indispensáveis à execução de uma obra, como é o caso do construtor e do engenheiro.

Isto não é exagero, como prova a seguinte estatística:

Mais de 80 por cento de todas as construções nos EUA são edificadas sem a participação de arquitetos.

A média salarial do arquiteto, no setor oeste dos EUA, está abaixo da de um pedreiro.

O homem comum não tem compreensão pela complexa tarefa do arquiteto, como nós a compreendemos, e ainda não conseguimos esclarecê-lo suficientemente.

Quando um cliente pretende construir, quer fazê-lo por um preço fixo, com um prazo de entrega determinado: o problema da divisão de trabalho entre arquiteto, engenheiro e construtor não o interessa em absoluto. Como a divisão essencial entre o projeto e a execução lhe parece artificial e confusa, conclui que provavelmente é o arquiteto quem representa a incógnita "x" em seu orçamento, tanto no que toca ao dinheiro, como ao tempo.

O que mais poderíamos esperar? Não nos encontramos em posição quase impossível, que nos força a nos amarrar a um preço fixo, embora quase toda encomenda deva ser precedida de uma espécie de trabalho de pesquisa e laboratório? Compare-se a isso o longo processo na indústria, desde o projeto no papel, passando pelo modelo, até o produto final. Em nosso domínio de tarefas, somos obrigados a custear, nós mesmos, todas as pesquisas preparatórias, pois, para nós, o modelo e o produto final são a mesma coisa. Isso não se tornou uma tarefa quase insolúvel, particularmeste em vista dos permanentes desejos de modificação que surgem da parte dos clientes e repartições públicas?

Muitas vezes colocamos em dúvida se o método atual, que do ponto de vista financeiro se torna tanto mais prejudicial para nós, quanto maior o nosso empenho em achar meios para reduzir o custo em favor do cliente, nos permitirá realmente descobrir uma solução lógica. O cliente por sua vez pensa que o arquiteto está interessado em aumentar propositadamente o custo da obra, pois seus honorários de arquiteto também aumentam percentualmente. Por isso procura muitas vezes fechar negócio a preço fixo. Cumpre aceitar, com naturalidade, esta tendência do cliente. É uma atitude injusta em relação a nós, mas nem por isso o delicado problema está solucionado. Na realidade, encerra o nosso maior dilema ético e é muitas vezes a origem da falta de confiança por parte do cliente, já que contém injustiças de ambas as partes; e até mesmo impede que muitos clientes se valham em geral de nossos serviços.

O Exemplo do Industrial "Designer"

Isto não vale para o *industrial designer,* a quem normalmente se paga pelo desenvolvimento do modelo e que além disso tem participação percentual na venda do produto. Ele não lucra apenas em termos financeiros com o êxito de seu trabalho, mas também seu prestígio cresce como membro plenamente válido da equipe de trabalho a que pertence juntamente com o cientista, o engenheiro e o homem de negócios. Este processo, que se desenvolve cada vez mais na indústria, reintegra na comunidade o *designer* que se tornara solitário.

Estou convencido de que semelhante espécie de trabalho conjunto irá se impor também no âmbito de indústria da construção. Isto deveria possibilitar ao futuro arquiteto, em seu papel de coordenador das numerosas profissões relacionadas com a construção, a converter-se novamente em "mestre-construtor", pressupondo-se que estejamos dispostos a mudar também nossa posição e nossa formação profissional. A possibilidade de ele estar então pessoalmente em condições de fundir em sua obra todos os componentes sociais, técnicos e estéticos, em um todo compreensível, humanamente comunicativo — a meta histórica superior do arquiteto — depende naturalmente do grau de sua força imaginativa e criadora. Digo "meta", pois a viabilidade de que ele venha a tornar-se ou não mestre esteia-se naturalmente em suas produções dentro do grupo de trabalho conjunto. Ele não pode reivindicar para si, automaticamente, a liderança; em um grupo, é sempre o melhor quem deve dirigir. *Mas a missão histórica do arquiteto sempre consistiu em incrustar tão organicamente todas as configurações individuais do ambiente do homem que elas se componham em um espaço vital harmônico.* Se quiser permanecer leal à sua alta missão, deverá educar a nova geração em sintonia com os novos métodos de produção industriais, em lugar de formá-la apenas na prancheta platônica, isolada do processo de produção e da construção.

Industrialização e Pré-fabricação

A máquina não parou no limiar da indústria de construção. O processo de industrialização apenas parece desenvolver-se mais lentamente na indústria de construção do que em outros setores de produção, pois o processo da construção é bem mais complexo. Uma após outra as partes da construção são retiradas da mão do artesão e entregue à máquina. Basta observar os catálogos dos fabricantes de material de construção para nos convencermos de que já existem inúmeros elementos de construção industrializados, à nossa disposição no mercado. Em um processo que se desenvolve continuamente, o antigo método artesanal está se transformando em processo de montagem de seções pré-fabricadas, produzidas industrialmente, e que são enviadas diretamente da fábrica ao canteiro de obras. Além disso, o emprego de máquinas de construção aumenta constantemente nas obras modernas. A pré-fabricação já domina mais a construção dos arranha-céus do que a de casas particulares.

Mas se formos sinceros, temos de reconhecer que poucos arquitetos participaram da idealização e execução dessa profunda transformação e no projeto de produção industrial de partes de construção, que, no entanto, todos nós utilizamos em nossas edificações. Foram antes o engenheiro e o cientista que intervieram nesse desenvolvimento. Devemos, pois, apressar-nos em recuperar o terreno perdido e preparar a jovem geração de arquitetos para a dupla tarefa: em primeiro lugar, entrar na indústria de construção e tomar parte ativa no projeto e no desenvolvimento dos elementos de construção a serem fabricados e, em segundo, aprender a compor belos edifícios com essas partes pré-fabricadas. Isso pressupõe, na minha opinião, uma participação e experiência muito mais imediatas na oficina, no canteiro de obra e na indústria de construção do que nossos métodos usuais prevêem.

A futura geração de arquitetos deve transpor a infeliz barreira que existe hoje entre o projeto e a execução.

Mas, antes de tudo, acabemos de uma vez com a briga de estilos! O que precisamos é solidariedade e repensar em conjunto o problema todo. Devemos chegar a decisões construtivas. Como podemos reabrir à nova geração de arquitetos as portas para a produção de material de construção? Ela está começando a perder o interesse pelo caráter exclusivamente fiduciário de nossa profissão e pelo tipo de arquiteto-*prima donna* narcisista que se desenvolveu neste plano secundário da profissão. *O arquiteto do futuro não mais permitirá que o estorvem em sua necessidade natural de produzir, em conjunto com a indústria, construções e partes de construções. O trabalho de grupo será cada vez mais acentuado.*

O Trabalho de Grupo

Por causa de minha atividade como educador, ocupei-me pessoalmente anos a fio com os problemas de jovens arquitetos que partem da escola para a prática. Observei como tentavam corajosamente se estabelecer como arquitetos independentes e, com maior freqüência ainda, como acabavam entrando resignados em grandes escritórios como desenhistas, onde lhes eram dadas poucas ou nenhuma oportunidade de mostrar alguma iniciativa própria. É triste ter de assistir à lenta destruição de tantas energias e talentos jovens, devido ao nosso sistema de trabalho cada vez mais centralizado. Os conceitos democráticos sucumbirão facilmente à pressão da crescente mecanização e superorganização, se não encontrarmos meios que apóiem o indivíduo em sua luta contra o efeito nivelador do espírito de massa.

Na minha busca de um desses meios procurei transmitir a meus alunos da Universidade de Harvard, ao lado de sua formação individual, a experiência de trabalho em equipe. Isso tornou-se um estímulo precioso, tanto para estudantes quanto para professores, que até então estavam pouco familiarizados com os prós e contras do trabalho em grupo. Aprenderam como se pode atuar em conjunto com outros sem perder identidade própria. Esta me parece ser cada vez mais uma tarefa urgente da nova geração, não somente de arquitetos mas de todos os que se esforçam em dar novamente uma feição homogênea à nossa sociedade.

Em nosso campo de operação não há regras para o trabalho em conjunto, a não ser que voltemos à Idade Média para estudar as corporações de ofícios dos mestres-construtores das grandes catedrais. O mais surpreendente na organização destas guildas era o fato de que, até meados do século XVIII, cada artesão, participante da obra, podia não apenas executar, mas também projetar a parte que lhe cabia, desde que se subordinasse à clave de proporção geométrica de seu mestre; esta servia às guildas de construção — tal como a clave musical serve ao compositor — de recurso geométrico na construção. Quase nunca existiam projetos no papel; o grupo de trabalho vivia junto, discutia a tarefa comum e transpunha as idéias diretamente para o material.

E qual é a situação atual? Exigem que estipulemos todas nossas idéias de projeto até o último parafuso no desenho e na descrição. Então um exército de trabalhadores deve executar nosso projeto. Mal nos permitem, porém, efetuar uma mudança durante a construção, embora não exista gênio dotado de tanta sensibilidade e fantasia que possa prejulgar infalivelmente o efeito de cada detalhe de seu projeto. E isto ainda tanto menos quanto mais distante ele se mantiver da obra. Tampouco o operário executor da construção tem a mínima oportunidade de contribuir com algo para o projeto de um edifício. Desde os tempos das corporações de construção, o trabalho de grupo não foi mais utilizado, embora seja ele justamente que liberta o instinto criativo, em vez de asfixiá-lo. Bem poucos conhecem hoje as pressuposições fundamentais que o possibilitam. O trabalho de grupo é tão estranho à nossa profissão hoje em dia, que é até mesmo visto com desconfiança; pois a ideologia do século passado nos ensinou a enxergar no gênio individual a única encarnação da verdadeira e pura arte. *Está certo que a centelha criativa sempre tem sua origem no indivíduo; mas no estreito trabalho conjunto com outrem para um objetivo comum poderá ele atingir maior rendimento devido ao estímulo e à crítica desafiante de seus companheiros, do que ao se isolar desse contacto.* O gênio criativo se impõe sob todas as circunstâncias, até mesmo contra pesadas resistências. Mas se quisermos elevar o nível geral, o trabalho de grupo contribuirá essencialmente para o aumento e melhoria da produção individual.

A *conditio sine qua non* do verdadeiro trabalho de equipe é a voluntariedade; ele não surge por comando. Requer falta de preconceitos e convicção de que a comunidade no pensamento e na ação é condição prévia para o desenvolvimento da cultura humana. Os talentos individuais logo se imporão em um grupo assim e, por seu turno, procurarão aproveitar-se da fecundação intelectual mútua no dar e receber diário. A verdadeira liderança só se pode desenvolver se a cada um é dada a mesma oportunidade de se identificar como líder por meio da produção própria, em vez de ser nomeado autoritariamente para exercê-la. As qualidades de chefia não repousam apenas no dom inato mas também na intensidade de convicção pessoal e na disposição de servir ao bem comum. Servir e liderar parecem interligar-se indissoluvelmente.

Nosso século é provavelmente tão rico quanto qualquer outro em talentos originais. Mas tais talentos vêem-se hoje muitas vezes condenados a manifestar-se apenas em surtos criativos esporádicos, porque sua mensagem se perde no vazio ante a falta de eco compreensivo. Se conseguíssemos reconduzir o indivíduo de dote genial à sua tarefa natural, como *primus inter pares*, em vez de deixá-lo trabalhar em distante isolamento, obteríamos uma base mais larga de compreensão.

Só boas intenções não bastam, naturalmente, para formar uma equipe de trabalho. Temos primeiro de tornar a aprender um método de trabalho em conjunto. Sempre é necessário um tempo considerável até que possamos adquirir certos costumes que parecem imprescindíveis a um fecundo trabalho em conjunto. Assim achei indispensável, antes de tudo, que todo membro da equipe mantivesse os outros ao par de sua maneira de pensar e agir quanto à respectiva tarefa comum. Mas ainda que todos venham imbuídos dos melhores intuitos, demora um bocado de tempo até que cada um esteja treinado para manter essa atitude. Depois este intercâmbio de idéias se torna imprescindível; por meio dele, cada qual encontra o lugar que lhe cabe dentro do grupo, correspondendo à sua aptidão peculiar, o que estimula sua disposição de trabalho. As tarefas são desempenhadas com vigor e rapidez e a variedade dos pontos de vista pessoais enriquece o resultado da decisão final. Na maré montante de tantos problemas objetivos à espera de solução, a vaidade natural do indivíduo se perde; a tarefa comum a suplanta de longe e, ao fim, ele mal sabe de quem proveio esta ou aquela contribuição, pois todas as idéias surgiram da incitação mútua. O indivíduo amadurece com esta forma desobrigada de intercâmbio do grupo. Como o funcionamento de uma democracia depende realmente de nossa capacidade de trabalho conjunto, é importante que o arquiteto, coordenador por profissão, conquiste uma posição de liderança no desenvolvimento de novos métodos de trabalho de equipe. O essencial nesse método deve residir na ênfase dada à liberdade individual de iniciativa e direção autoritária de superiores. Na experiência com os trabalhos de grupo permanecemos ágeis e elásticos. Demais, essa relação de trabalho é mais adaptável às relações tão rapidamente cambiantes de nosso tempo do que a atual relação entre empregador e empregado. *Através da sincronização de todas as contribuições individuais é possível a uma equipe aumentar o trabalho comum para uma produção que é maior do que a soma do trabalho de seus componentes, se cada um atuasse sozinho.*

Mas o grupo que quiser operar com sucesso terá, sem dúvida, de preocupar-se diretamente com o processo de produção em si, no futuro. A crescente especialização exige coordenação sempre maior.

Para a solução da primeira parte de sua dupla tarefa — ou seja, o desenvolvimento de partes de construção prontas para montagem — o arquiteto deve formar um grupo de trabalho, juntamente com o cientista e o fabricante. A segunda parte da tarefa — ou seja, a composição de edifícios prontos, a partir dessas partes de construção e sua montagem na obra — só pode ser solucionada após estreita ação conjunta entre o arquiteto, o engenheiro e o empresário, com o emprego de métodos industriais e novas soluções inventivas*. É evidente que o arquiteto individual não tem mais as possibilidades de testar novos materiais e novos métodos técnicos e menos ainda de dominar as inúmeras novidades técnicas com a mesma amplitude que o mestre-construtor do passado podia dominar seu

---

(*) Não me refiro com esse tipo de trabalho em conjunto às assim chamadas sociedades de "Package Deal", que vêem o projeto arquitetônico como um acessório supérfluo para suas importantes transações comerciais. Em um grupo como o que imagino, o projetista deve ter a mesma voz ativa que o empresário. Ele deve ser um parceiro com os mesmos direitos.

ofício como indivíduo. Para aumentar o grau de rendimento na arquitetura precisamos justamente da equipe e dos instrumentos de produção da indústria. Mas não devemos supor simplesmente que nosso desejo, aliás compreensível, de sermos dirigentes desse grupo, será aceito sem maiores problemas. Como retardatários no processo de trabalho industrial, precisamos aceitar a idéia de entrar na equipe sem esperança de privilégios; depois poderemos demonstrar, por meio de nossa produção, que somos capazes de dirigi-la e elevar a posição do arquiteto na opinião pública.

A diferença essencial existente entre os métodos de produção de uma sociedade industrial e uma sociedade baseada no artesanato consiste na distribuição de trabalho, não no tipo de ferramenta. Uma complicada máquina de fiar constitui apenas um refinamento da antiga roca manual. Mas há uma diferença básica entre um trabalho levado até o fim pelo mesmo artesão e aquele em que há uma subdivisão em numerosos processos individuais, dos quais — como na linha de montagens — cada um fica em mãos de um operador. Não foi a máquina, mas o efeito atomizador da divisão de trabalho que destruiu a inteireza da sociedade pré-industrial. O trabalho de grupo montado organicamente poderia recompor pouco a pouco a relação viva que unificaria nossas metas e esforços.

Nossa profissão está numa encruzilhada. Um dos caminhos é árido mas conduz a amplas possibilidades, o outro pode levar a um beco sem saída.

A nova geração de arquitetos deve procurar uma solução construtiva para resolver como projeto e execução podem ligar-se melhor na prática futura, através da participação imediata na produção industrial e na construção. Por que a cooperação de um jovem arquiteto com um jovem empresário para vincular diretamente ambos os campos de ação deve significar forçosamente falta de ética profissional? Pelo contrário, cumpriria apoiar ativamente uma combinação de trabalho tão natural.

Perguntaram se o cliente não será logrado e assaltado se lhe roubarem o controle fiduciário de seu arquiteto. A resposta é que na compra dos nossos demais artigos de necessidade tampouco precisamos de fideicomissários; o renome do bom fabricante ou da marca firmada é a nossa proteção. Por que haveria de ser diferente na aquisição de casas e materiais de construção? Estou cônscio, naturalmente, de que à tarefa de tratar o projeto e a execução de novo como unidade inseparável ainda se opõem grandes dificuldades, que só podem ser solucionadas pouco a pouco na prática. Mas a realização de uma nova idéia depende sobretudo de uma posição alterada com respeito ao problema global.

Minha proposta não é, certamente, uma panacéia para todos os males que invadiram nossa profissão. Ainda não sabemos, também, que espécie de medidas práticas deveriam ser tomadas para proteger esta combinação de trabalho em face de competições desleais e apoiar ao mesmo tempo o arquiteto que desejasse participar da produção de materiais de construção. O principal intuito de minha proposta é a reivindicação de mantermos abertos para a nova geração de arquitetos os caminhos capazes de levar à solução do complexo problema da industrialização progressiva da construção.

8. O ARQUITETO É SERVO OU LÍDER?*

O desenvolvimento da moderna arquitetura não se pode comparar à de um broto novo em velho tronco; é um crescimento que vem da raiz. Mas isso não significa que estejamos testemunhando o nascimento de um "novo estilo". O que vemos e presenciamos é um movimento no meio do rio, um movimento que conseguiu, entretanto, validar uma concepção basicamente nova das tarefas do arquiteto atual. Esta concepção tem por alicerce uma filosofia que, profundamente ligada aos grandes marcos do desenvolvimento, recebeu considerável reforço em sua luta contra correntes retrógradas.

(*) Vide W. Gropius, "Eight Steps toward a Solid Architecture", *Architectural Forum*, Nova York, fevereiro de 1954.

O que Entendemos por "Estilo"?

Acredito que o impulso irreprimível dos críticos em prover os movimentos contemporâneos de etiquetas estilísticas aumentou ainda mais a tão difundida falta de compreensão para com as forças dinâmicas de inovação que atuam na arquitetura e no planejamento de hoje. Nosso objetivo era o de introduzir uma nova posição, um novo método, não um novo "estilo". Um "estilo" é a forma de expressão constantemente repetida de um período, cujo fundamento, culturalmente saturado, permite a criação de um "denominador comum". *A tentativa de classificar arte e arquitetura, e com isso reprimi-las, por assim dizer, enquanto ainda se acham em formação, sufoca as forças criativas em lugar de estimulá-las.* Nossa época nos obriga a repensar toda a nossa forma de vida; a antiga sucumbiu sob o impacto da máquina, a nova ainda está em formação. Nesta situação, depende de nós desenvolvermos a capacidade para um crescimento flexível, que seja adaptável às condições de vida em mudança, em vez de perseguirmos motivos formalísticos de "estilo".

E como pode ser enganoso este tipo de terminologia apressado! Basta analisar mais de perto a infeliz expressão "Estilo Internacional". Em primeiro lugar, não se trata aqui de um "estilo", pois tudo ainda se acha em desenvolvimento, em segundo lugar a palavra "internacional" não corresponde, pois a tendência desse movimento é exatamente a de colher seus elementos formais em condições regionais derivadas do clima, da paisagem, dos costumes dos habitantes, sem cair, no entanto, em um "estilo pátrio" *(Heimatstil)* sentimental.

Na minha opinião, "estilos" só deveriam ser determinados pelo historiador com respeito ao passado. Não possuímos no presente o necessário distanciamento para medir os fatos objetivamente. A vaidade humana e os ciúmes turvam a visão. Por que não deixamos para o futuro historiador da arte a tarefa de esclarecer a história do desenvolvimento da arquitetura atual, enquanto nós nos lançamos ao trabalho de fazê-la crescer primeiro? Estou certo de que em uma época na qual os espíritos de liderança tentam ver os problemas humanos universais como inseparavelmente ligados uns aos outros, todo preconceito *chauvinista* com respeito à participação nesse desenvolvimento só pode ter efeito restritivo. Por que, então, quebrar a cabeça com problemas como o de saber quem influenciou quem, se na verdade se trata apenas de saber se os resultados melhoraram ou não a vida? De qualquer forma, somos mais influenciados uns pelos outros, devido ao rápido progresso dos meios de comunicação e de intercâmbio, do que os arquitetos dos séculos passados. Deveríamos saudar esse fato, pois ele enriquece e promove o desenvolvimento de uma base comum de entendimento que nos falta. Por isso, sempre tentei estimular meus alunos no sentido de se deixarem influenciar pelas idéias de outros, enquanto se sentissem capazes de aceitá-las e reelaborá-las interiormente, para depois enquadrá-las em um contexto que correspondesse às suas próprias concepções.

Expressão da Época ou Culto do Ego

Se olharmos para o passado a fim de determinar o que aconteceu durante os últimos 30 a 40 anos, no domínio da arquitetura, veremos que o arquiteto-*gentleman,* que oferecia ao público produtos estilísticos de épocas passadas, "providos de todas as comodidades modernas", sumiu quase de vista. Sua arte de arqueologia aplicada está desaparecendo. *Ela sucumbiu ante o fogo da nossa convicção de que o arquiteto deve dar forma e expressão à existência viva em suas obras, em vez de erigir construções de estilo imitativo. Exigimos hoje que sua concepção seja suficientemente maleável para criar uma moldura capaz de absorver os traços dinâmicos de nossa vida moderna.* Sabemos que ele fracassaria nesse intuito se utilizasse os velhos recursos de expressão. Mas, infelizmente, também tivemos a experiência de que, no lugar da antiga armadilha estilística, às vezes se desenvolve uma moderna camisa de fôrça formal, e isto acontece quando o arquiteto só pensa em edificar monumentos a seu próprio gênio. Essa espécie de arrogância afirmou-se, apesar da revolução contra o ecletismo, e alguns dos "neodesigners" chegaram muitas vezes a ultrapassar os ecléticos, com a mania de querer ser "diferente", de produzir o inaudito, o incrível, o essencial.

Este culto do eu contribuiu para retardar uma acolhida mais ampla das tendências sadias de desenvolvimento na moderna arquitetura. Os restos desta mentalidade precisam desaparecer antes que o espírito de arquitetura revolucionária se torne a verdadeira expressão formal de nosso tempo. *Isto pressupõe, naturalmente, que o arquiteto moderno enverede seus esforços no sentido de uma procura do autêntico, do válido e não do sensacional.* Idéias formais preconcebidas, sejam elas a expressão do estado de espírito pessoal do artista, ou modismos, restringem a existência viva e a submetem a caminhos arbitrários.

Os pioneiros do novo movimento desenvolveram, em oposição a isto, um outro método, o de abordar o problema como "projeto para uma vida integral" (*Lebens gestalten*). No desejo de fundamentar seu trabalho na vida do povo, tentaram ver sempre a unidade individual como parte de um todo. Esta idéia social contrasta fortemente com a obra do egocêntrico arquiteto-*prima donna*, que impõe seus estados de espírito a um cliente intimidado e só produz monumentos voluntariosos de significação estética e individual.

O Cliente

Com isto não quero dizer que devamos aceitar sempre as opiniões do cliente. Devemos, pelo contrário, educá-lo de tal modo que ele nos confie a configuração de suas necessidades. Se fizer exigências que nos pareçam manifestamente irrelevantes ou secundárias, cabe-nos desvendar os verdadeiros motivos destes sonhos ideais para lhe propor então uma solução mais conseqüente e clara. Devemos fazer o possível para convencê-lo, sem presunção, de nossas idéias, pois somos nós enfim que devemos firmar, com base em nossa competência, o diagnóstico daquilo que o dono da construção necessita de fato. A um doente não ocorreria por certo a pretensão de prescrever a seu médico o modo como este deve fazer o tratamento; mas quando nós arquitetos esperamos gozar de igual confiança de parte do cliente, logo descobrimos que raramente nos é dispensado o mesmo respeito que é dedicado à profissão do médico. Caso mereçamos algo desta desconfiança é porque não nos mostramos bastante competentes nas nossas tarefas de *designers,* de construtores, no campo econômico ou na concepção social, de modo que devemos reparar isto rapidamente. Se desleixarmos um desses campos ou temermos a responsabilidade na chefia, estaremos nos reduzindo nós mesmos ao papel de meros técnicos.

A arquitetura necessita de liderança convicta, se mister até em oposição ao dono da construção. Seus interesses não podem ser decididos por clientes ou Gallup Polls cujos julgamentos só iriam recomendar o que já é do conhecimento de todos.

Indústria e Ciência a Serviço da Vida Humana

Há porém mais um problema muito debatido que exige explicação. Dizem que "A ênfase moderna está na própria vida, não na máquina", e que o lema de Le Corbusier, "A casa é uma máquina habitacional", está ultrapassado. Ao mesmo tempo projeta-se um retrato dos pioneiros do movimento moderno que os mostra como partidários de princípios rígidos e mecânicos, que enaltecem a máquina e são totalmente indiferentes a valores humanos mais sutis. Como eu próprio pertenço ao rol desses monstros, surpreendo-me *a posteriori* como foi que pudemos existir em bases tão medíocres. Na realidade, o problema da humanização da máquina e a procura de uma nova forma de vida estava naturalmente em primeiro plano na nossa discussão.

Para colocar novos meios a serviço do homem, a Bauhaus, por exemplo, tentou demonstrar na prática o que pregava, para alcançar assim o equilíbrio na luta entre as exigências práticas, estéticas e psicológicas da época. *O funcionalismo não equivalia meramente a processos racionais, abrangia também os problemas psicológicos.* Para nós, a criação devia "funcionar" tanto no sentido físico quanto psicológico. Estávamos cônscios de que as necessidades emocionais são tão prementes quanto as práticas e exigem da mesma forma uma satisfação. A máquina e as novas possibilidades científicas eram naturalmente do mais alto interesse para nós, mas a ênfase incidia menos na própria máquina e mais no desejo de por a ciência e a máquina a serviço da vida humana. Olhando para trás, devo

135

dizer que a nossa geração deu antes pouca do que demasiada atenção à máquina.

O que é Expressão Regional?

Um outro fator que contribui para a confusão dos significados vem do aparecimento de renegados de nosso grupo, que recaem no ecletismo do século XIX, porque não tem fôrça nem persistência suficientes para realizar de fato um rejuvenescimento a partir da raiz. Esperam conquistar mais popularidade para a arquitetura moderna, "animando-a" com as modas e elementos estilísticos do passado. Esta impaciência e incapacidade de aproximar-se da finalidade última da forma legítima, suscitam sempre novos "ismos", sem que as novas formas de vida encontrem sua verdadeira configuração. O caráter realmente regional não pode ser alcançado por meio de imitação sentimental, com inserção de velhas formas ou modas locais novíssimas, que desaparecem com a mesma rapidez com que surgiram. Mas se, como ponto de partida o projeto arquitetônico, for reconhecido o enorme contraste existente — já por causa das diferenças climáticas dos diversos tratos de terra — então se torna imediatamente clara a diversidade de expressão que pode surgir, se o arquiteto compreender e configurar estes dados naturais.

Quero mencionar aqui um problema que todas as escolas de arquitetura são obrigadas a resolver. Enquanto nosso ensino girar apenas em torno da mesa de desenho platônica, corremos o perigo de educar o "pseudo projetista". Pois é quase inevitável que a falta de experiência prática na construção, no artesanato e nos métodos industriais da construção leve o jovem arquiteto a cair em modas e clichês estilísticos. Esta é a conseqüência natural de uma educação por demais acadêmica. Por isso deveria o jovem arquiteto fazer uso de todas as possibilidades de participar praticamente das diferentes fases do processo de construção. É o meio de aprendizado essencial para equilibrar o conhecimento e a experiência.

Serviço e Liderança

Mas o que tem isso a ver com o tema do ensaio "O arquiteto é servo ou líder?" A resposta é simples e resulta do que foi dito: em lugar de "ou" coloque-se "e". Servir e liderar dependem um do outro. O bom arquiteto deve servir ao interesse do público e mostrar ao mesmo tempo verdadeira liderança que, edificada sobre uma convicção verdadeira, dá a direção tanto para o dono da construção quanto para a equipe de trabalho a que foi confiada a execução da obra. As características de líder não repousam apenas no talento inato, mas também na intensidade da convicção e na predisposição em servir ao todo.

Como se pode alcançar isto? Muitas vezes estudantes me perguntaram o que poderiam fazer no término de seus estudos para se tornarem arquitetos independentes e como poderiam evitar a contingência de se verem obrigados a vender suas convicções na luta contra uma sociedade que, no conjunto, ainda está bastante desorientada sobre as novas idéias de arquitetura e planejamento.

Eis a minha resposta:

O ganha-pão não pode ser a única finalidade de um jovem, que deve preocupar-se primordialmente em concretizar suas idéias. Para ele, o problema principal será portanto como manter a integridade de suas convicções, viver segundo seus princípios e, ainda assim, encontrar uma forma de subsistência. Talvez não consiga emprego com um arquiteto que tenha as mesmas idéias que ele e que o ajude no seu desenvolvimento. Neste caso eu o aconselharia a arrumar serviço onde lhe paguem por seus conhecimentos técnicos, mas a empenhar-se ao máximo para manter vivo aquilo que lhe interessa por meio do trabalho pessoal intensivo nas horas de lazer. Deveria formar com alguns amigos um grupo de trabalho e começar a resolver passo a passo um projeto importante dentro de sua comunidade. Se aplicar nisso um esforço incessante, ele e seus colegas poderão um dia oferecer ao público uma sólida e bem pensada solução do problema, no qual se tornaram especialistas. Poderá publicá-la em revistas ou expô-la, e, talvez, a Prefeitura Municipal o convide para a função de consultor de planejamento no seu campo. O jovem arquiteto deveria procurar todas as ocasiões para familiarizar o público com as possibilidades da arquitetura e planejamento modernos e, na medida do viável, criar um centro estratégico onde possa demonstrar suas idéias

137

e submetê-las à crítica. Temos de aprender a diferenciar entre as necessidades verdadeiras e essenciais dos homens e a combinação de fleugma e costume que muitas vezes nos é apresentada como "vontade do povo".

A aspereza de nosso mundo real não é abrandada quando a enfeitamos, segundo a moda, com um *new look*, e tampouco tem sentido pretender humanizar a nossa civilização mecânica pendurando enfeites sentimentais em nossas casas. *Mas quanto mais importância tiver o fator humano em nosso trabalho, tanto mais há de revelar a arquitetura a intensidade de sentimento de seus criadores, e isto na sua estrutura mesma e não no ornamento externo, um resultado que surge tão-somente quando o arquiteto é ao mesmo tempo servo e líder.*

9. CIAM (1928-1953)*

Durante os vinte e cinco anos de sua existência, fui sócio dirigente da CIAM. Parece-me que agora é tempo de dizer o que significou para mim esse baluarte internacional da arquitetura e do planejamento urbano, no curso de minha longa luta por uma nova arquitetura.

O mais importante era o fato de existir um pequeno grupo internacional de arquitetos, em meio a um mundo pleno de confusão e falto de planejamento, que sentia a necessidade de unir-se para ordenar, em uma visão geral, os múltiplos problemas frente aos quais se via colocado.

(*) A CIAM (Congrès Internationaux d'Architecture Moderne) foi fundada em 1928 em Château La Sarraz (Suíça). Desde 1929, o autor foi um dos vice-presidentes da entidade. Para as metas e estatutos da CIAM veja J. L. Sert, *Can our cities survive?* Harvard University Press 1942.

A convicção de que essa idéia da unidade deveria ser colocada acima de qualquer problema parcial determinou a nossa posição e a nossa crença. Foi esta idéia que em meio à diversidade de condições e apesar das diferentes tradições nacionais e raciais atuou como uma força magnética. Ela teve sua origem na Europa mas atinge hoje todos os continentes. Isso nos enriqueceu. O fato de o gênio racial ou nacional dos diferentes países tender muitas vezes a tratar com certa unilateralidade, e até mesmo fechar-se contra outras interpretações, problemas que a aventura da vida nos coloca, mostra o quanto necessitamos de confrontos estimulantes com outros costumes de vida e outros tipos de escala de valores.

Por exemplo parece que a geração mais jovem dos EUA — desde o menino de cinco anos — está totalmente fascinada pelos problemas da exploração espacial. Observa atônita como os cientistas do mundo inteiro começam a planejar a nossa viagem para as estrelas, antes mesmo de termos conseguido resolver nossos problemas sobre a terra. A fantasia dessa juventude procura novas fronteiras, não se importando com as conseqüências desconcertantes e revolucionárias que possam decorrer de um avanço como esse no desconhecido.

Quando observamos, por outro lado, as vantagens e desvantagens da vida nas regiões da nossa terra que chamamos de "países subdesenvolvidos", reconhecemos que estas culturas muitas vezes nos transmitiram uma compreensão mais clara dos motivos mais profundos da vida humana, do que as complicadas civilizações das quais nos cercamos. Às vezes nos ressentimos até mais da perda de suas velhas raízes e ligações do que esses povos. Mas seria um engano muito grande achar que eles poderiam manter a sua integridade, se permanecessem à distância do processo de desenvolvimento que nos une a todos hoje. No entanto, guardaram mais do que nós a lembrança de que o homem nasceu, entre outras coisas, para o gozo da felicidade, e eu gostaria que existissem maior número de arquitetos a pesquisar como se constituem os pressupostos daquilo que chamamos "felicidade". Houve tempo em que o arquiteto se sentia tentado a acreditar que os pressupostos mais importantes para uma existência humana eram a propriedade de um teto bem firme sobre a cabeça. Entrementes, aprendemos, que este, embora resguarde da chuva, não cria necessariamente uma atmosfera humana feliz.

Quero por isso expressar aqui a minha convicção de que *a criação de beleza e a formação de escalas de valores se originam em uma necessidade interior do homem e que esta o move mais profunda e duradouramente do que o desejo de satisfazer comodidades materiais. Devido à nossa luta diária a fim de proporcionar um teto firme sobre a cabeça de milhões, esquecemos disto com muita facilidade.*

Espero confiante que a CIAM continue lutando por sua concepção original da totalidade do mundo visual e por sua convicção de que o homem deve continuar sendo a medida de todos os problemas do planejamento e da arquitetura.

10. AS BASES SOCIOLÓGICAS DA HABITAÇÃO MÍNIMA PARA A POPULAÇÃO DAS CIDADES INDUSTRIAIS *

A soma do trabalho realizado depois da guerra, nos anos de 1918-1928, no setor da construção habitacional, mostra que o desenvolvimento da habitação mínima chegou a um ponto morto, talvez porque não foram levadas suficientemente em conta as transformações fundamentais na estrutura social dos povos, que exigem uma nova meta para o tipo e tamanho das unidades habitacionais necessárias. A constatação destas transformações na sociedade deve servir de ponto

(*) Vide: "Die soziologischen Grundlagen der Minimalwohnung", *Die Justiz* vol. 5, n° 8, (1929). Edit. Dr. Walter Rothschild, Berlim-Grunewald.

de partida para qualquer trabalho nesse sentido. O reconhecimento do curso regular dos processos vitais, biológicos e sociais do homem deve levar à especificação mais precisa da tarefa; só então é possível derivar daí a segunda parte do trabalho, um programa prático para a realização da habitação mínima.

A *História da Sociologia* é uma história da gradativa diferenciação do gênero humano, a partir do estado selvagem, através da barbárie, até a civilização. O sociólogo alemão Mueller-Lyer *, já falecido, a cujos resultados científicos nos referimos aqui, diferencia quatro grandes épocas de Direito na sociedade humana:

1. a época parental, com o direito tribal;
2. a época familial, com o direito de família;
3. a época individual, com o direito do indivíduo;
4. a época social do futuro, com o direito social.

Ele constata nesta seqüência as fases da lenta depuração social. É útil observar mais de perto tais etapas, porque a sua legislação esclarece que certos fenômenos da sociedade atual, que muitos consideram como um atraso, representam, historicamente, um avanço da sociedade em processo de diferenciação.

Nos tempos mais primitivos, o indivíduo era apenas membro da sociedade, as suas ações eram puramente sociais. O indivíduo ainda não existe como tal.

O primeiro individualismo incipiente aparece na escravização da mulher pelo homem. Surge a família patriarcal, que se mantém até a formação do nosso moderno Estado industrial. À escravização da mulher segue-se a escravização do homem pelos poderosos. A distinção em senhores e escravos torna livre a classe dominante, e ela pode-se dedicar a tarefas culturais mais nobres. O povo é educado para o trabalho, mas o direito do indivíduo é suprimido.

Ao regime de opressão do Estado guerreiro, sucede o domínio financeiro do Estado industrial. Nas duas formas de Estado, a classe proprietária reina, a massa empobrece. O Estado industrial, fecundado pelos crescentes conhecimentos científicos, desenvolve formas de produção mais elevadas. Surge a possibilida-

(*) Dr. F. Mueller-Lyer, *Die Entwicklungsstufen der Menschheit*, J. F. Lehmann, Munique, 1912.

de de dar a todos, pelo domínio da natureza, uma vida culturalmente mais digna. O individualismo *egoísta* é transformado em individualismo *social*. O indivíduo perfeito torna-se a meta do Estado, a construção da sociedade, o meio para tanto.

O ideal de um indivíduo independente cresce, pois, a partir do conceito da tribo e da família patriarcal e finalmente o de uma futura união cooperativa supra-individual de todos os indivíduos.

Assim, a partir da economia dos diversos povos, a ıdéia da racionalização começa hoje a tornar-se um grande movimento intelectual, visto que as ações de cada homem são relacionadas utilitariamente com o bem da comunidade, graças ao conceito da rentabilidade econômica em prol de cada um. No caminho da *ratio* começa a consciência de comunidade.

Paralelamente a esse processo de desenvolvimento histórico, transforma-se a estrutura e o significado da *família*.

A família patriarcal ainda exibia o domínio total do chefe. A mulher vivia subordinada e reprimida intelectualmente, os filhos, mesmo adultos, permaneciam submetidos por obediência absoluta à vontade do chefe. Parentes e servos, mais tarde criados, mestres e aprendizes, são membros da família. A família era um microcosmo fechado, a unidade de produção e consumo no Estado.

No século XVIII começa a fuga dos servos da domesticidade da casa-grande para as cidades livres. O número de famílias menores, com sua estrutura de poder paternal, aumenta.

Com a crescente conceituação do direito do indivíduo, a família entrega gradualmente as suas funções ao Estado e com isto diminui lentamente a primazia sociológica da família no quadro social.

A invenção da máquina leva à *socialização do trabalho*. A produção de bens não se dá mais para a necessidade própria e sim para a troca dentro da comunidade. Uma após outra, as componentes da produção caseira são tiradas da família e entregues à produção social. A unidade menor da família perde assim o caráter de sociedade produtiva encerrada em si mesma.

Com a crescente diferenciação do indivíduo, diminui, analogamente aos demais fenômenos do mundo

145

elegante, o índice de natalidade em todos os países civilizados. A vontade do indivíduo, armada com os recursos das conquistas científicas, leva, principalmente por motivos de consideração econômica, ao controle premeditado de natalidade. No decorrer de uma geração, instala-se o sistema de dois filhos nos países civilizados.

Segundo os inquéritos, nos países europeus e na América, pode-se tomar como média 4,5. Este número abrange tanto o campo quanto a cidade. O número de filhos nas grandes cidades é em média abaixo de 4.

Pelas estimativas do Statistischen Reichsamt (1928), o índice de natalidade na Alemanha em 1900 era de 35,6 em 1 000 habitantes, no ano de 1927, de 18,6 em 1 000 habitantes. Portanto, apenas a metade. Ainda assim há um salto de 6,4 por mil.

Em outros países também se verifica uma queda no índice de natalidade e portanto a diminuição da família. Com a crescente industrialização nos diversos países, cai o índice, mas há ainda um excesso de nascimentos.

Nas famílias patriarcais, a educação das crianças competia somente à família. Hoje o Estado entrega, nas escolas públicas, parte da educação a pedagogos especializados. Ele se intromete portanto nas relações entre pais e filhos e as regula segundo os pontos de vista da sociedade. Ele promulga leis de previdência social para seguros de velhice, doença e invalidez e retira com isso, pouco a pouco, da família, o cuidado de velhos, doentes e inválidos.

Ao passo que nas famílias patriarcais os filhos herdavam o ofício do pai, o "desencastamento" avança hoje, porque, em vez das classes hereditárias, surgem as classes de ofícios que levam ao abandono da casa dos pais. Com o aumento dos meios de transporte, cresce o poder de locomoção do indivíduo. A família afrouxa com isso os seus laços e sua estabilidade diminui.

Em lugar das relações patriarcais entre o chefe de família e os oficiais, criados, aprendizes, surge a relação de direito monetário. O círculo de obrigações da família tornou-se demasiado pequeno para permitir a participação de todos os seus membros. A morada é por demais exígua e cara para hospedar e dar ocupação aos filhos que crescem.

O antigo escravo torna-se criado livre, mas com a crescente socialização do trabalho esta classe reduz-se cada vez mais e escapa ao jugo da família, para trocá-lo na indústria pela liberdade pessoal e independência. Hoje, a procura de empregados domésticos eleva além do dobro a oferta salarial na maioria dos países europeus. Nos EUA a falta de servidores desta natureza já está levando muitas famílias a se mudarem para hotéis, onde o atendimento doméstico da família pequena é centralizado economicamente.

A habitação pequena tampouco se presta para as relações sociais. O estímulo intelectual é procurado fora do quadro familial, aumentam consideravelmente os restaurantes e clubes para homens e mulheres.

A casa alugada desaloja a casa de família herdada, cessa a domiciliação amarrada a um dado lugar e começa um novo nomadismo dos indivíduos, favorecido pela rápida progressão dos meios de transporte. Assim como a tribo perdeu suas terras, a família perde sua casa. O poder do laço familial retrocedeu diante do direito público de cada indivíduo. As condições de produção social permitem que o indivíduo independente troque de lugar de trabalho, por sua livre vontade, a liberdade de locomoção aumenta enormemente. A maior parte das antigas funções da família torna-se presa da socialização gradativa; a importância da família no Estado naufraga a despeito de ela continuar existindo; o Estado como tal solidifica-se.

O desenvolvimento indica, portanto, uma socialização cada vez maior das antigas funções da família, quer autoritárias, quer educativas ou econômicas. Com isto manifestam-se os primórdios de uma época cooperativa que poderá substituir a época do direito individual.

Mas ainda há outros fenômenos de importância fundamental para a estruturação da família atual. Assim como a época familial foi introduzida pelo despertar do homem, a época individual é caracterizada pelo despertar da mulher e sua independência cada vez maior. A servidão da mulher com respeito ao homem desaparece, a lei da sociedade concede-lhe aos poucos iguais direitos. Com o desaparecimento de diversas funções caseiras que a família entregou à produção social, reduz-se o âmbito das tarefas da mulher,

147

de modo que ela procura satisfação para seu desejo natural de atuar também fora do quadro da família. Entra para a vida profissional. A economia, colocada pela máquina em bases completamente novas, mostra à mulher o irracional de seu miúdo labor caseiro. O reconhecimento das fraquezas da economia doméstica individual desperta o interesse por novas formas de serviços domésticos em grande escala que livrem a mulher individualmente de parte de seus encargos caseiros por meio de organizações centrais que poderiam realizá-los melhor e mais economicamente do que ela sozinha seria capaz, ainda que utilizasse todas as suas forças. A dificuldade crescente em relação ao pessoal de serviços domésticos ativa esses anseios. A mulher procura, na dura luta pela existência, caminhos para si e para seus familiares, tenta ganhar tempo para si e para seus filhos; quer tomar parte na vida profissional, a fim de libertar-se da dependência do homem. A razão deste processo não parece residir apenas na necessidade econômica da população urbana, mas também na necessidade interior que se relaciona com a emancipação espiritual e econômica da mulher como igual companheira do homem.

A forma de organização destes serviços domésticos coletivos para homens e mulheres solteiros, para crianças e adultos, viúvos e separados, para jovens casais ou para comunidades de convicção ou de vida, de diferentes estruturas, liga-se estreitamente ao problema da habitação mínima.

É evidente que, também em nossa época, para a qual queremos trabalhar de maneira prática, continuam subsistindo lado a lado diversas formas da sociedade humana, mais primitivas ou mais tardias; transparece, no entanto, com nitidez, que nas diferentes épocas há sempre *uma* forma que goza da preferência pública; a importância do indivíduo e seus direitos independentes são hoje *mais* ressaltados do que a unidade familiar. Pela emancipação da mulher desatou-se um forte laço da família; cessou praticamente o velho casamento forçado; já a Revolução Francesa encara o matrimônio legalmente como um mero contrato do cidadão; segue-se o direito do divórcio, depois a mulher alcança enfim o direito de voto e com isso o mesmo direito político que o homem. Liberta do horizonte limitado da economia caseira, a sua influência se exerce nos campos culturais.

Por causa da progressiva emancipação da mulher, o fundamento da família, o casamento, sofre transformações básicas. Aos poucos ele se transforma, de instituição imposta pelo Estado e pela Igreja, em uma união livre entre duas pessoas independentes espiritual e economicamente. À família resta apenas, sob o ângulo econômico, a função da propagação e da seleção. Quanto mais organizada for a ligação social, tanto menos funções caberão à ligação familial. À moral familial segue-se a moral individual com prenúncios de pensar coletivo.

A confirmação deste processo histórico nos é fornecida pelos seguintes dados estatísticos do Statistischen Reichsamt:

Divórcio	1900	9 000
	1927	36 449
Filhos naturais	1900	8,7%
	1927	12,6%

Além disso, o número de abortos, cujo registro estatístico é tão difícil, cresce consideravelmente, de acordo com as informações dos médicos.

Vida doméstica individual	1871	6,16%
	1910	7,26%
	1927	10,1%

Mulheres na vida profissional, em relação aos homens (1920-1921):

Estados Unidos	1:4
Bélgica	1:3
Inglaterra e Suécia	2:5
Alemanha e Suíça	1:2

Segundo os dados do Statistischen Landesamt prussiano em Berlim, no ano de 1925:

de 5 mulheres com mais de 20 anos, só 3 eram casadas,

de 3 profissionais, 2 são homens e 1 é mulher,

de 5 mulheres casadas, 1 é profissional,

de 5 mulheres solteiras, 4 são profissionais,

de 2 mulheres profissionais, 1 é ao mesmo tempo dona de casa.

Situação geral das habitações de 1 a 3 aposentos na Alemanha:

1927: apenas 46%.

As repartições oficiais dos diferentes países, incumbidas do problema habitacional, devem obrigatoriamente observar, em primeira linha, o rumo do desenvolvimento geral; pois o maior óbice à sua atividade está em aquilatar corretamente do ponto de vista numérico o grau de desenvolvimento desses processos gerais no seio da população, uma vez que só então poderão diferenciar nas quantidades requeridas, tanto as necessidades habitacionais familiares do tipo mais antigo, lá onde ainda são fortes, quanto as mais novas, de tendência individual e fornecer a ambos os grupos a moradia certa. Quase todos os países orientam em larga medida sua política habitacional *urbana,* segundo os velhos moldes familiais de vida com os quais não se pode mais abranger todas as necessidades reais hoje em dia. Tornou-se, parece, bem mais necessário reunir uma série de moradias no sistema dos *serviços domésticos coletivos* para aliviar convenientemente o trabalho da mulher que participa da vida profissional e com isto mantê-la apta para o casamento e a procriação.

O esclarecimento dos fatos sócio-históricos deve preceder tudo o mais para que seja possível determinar o *optimum* mínimo deste artigo de necessidade, a morada, e o menor preço dessa produção, pois devido à mudança dos fundamentos não se pode resolver o programa da habitação mínima restringindo-se apenas o número de quartos e a área construída da costumeira residência de maior porte. É preciso antes uma *nova formulação* com base no conhecimento das necessidades naturais e sócio-históricas, que não devem ser turvadas pelo véu das pretensões históricas tradicionalmente imaginadas. Será mister estabelecer *em conjunto* o padrão mínimo para todos os países, levando-se em conta as diferenças geográficas e climáticas. Isto equivale ao futuro ajuste das necessidades vitais por meio de comércio e economia mundial.

O problema da habitação mínima é questão de um mínimo elementar de espaço, ar, luz, calor, que o homem precisa para não sofrer, por causa da moradia, inibição no pleno desenvolvimento de suas funções vitais, portanto um mínimo de *modus vivendi* em vez de um *modus non moriendi*. Este mínimo varia segundo as condições locais da cidade e país, paisagem e clima; a mesma área de espaço livre tem função diversa numa rua estreita do centro da cidade e num subúrbio menos habitado. Von Drygalski, Paul Vogler e outros higienistas afirmam que o homem, quando dispõe da possibilidade de tomar ar e sol, precisa de pouco espaço habitacional do ponto de vista biológico, ainda mais quando este é bem organizado tecnicamente; pode-se obter um quadro claro da superioridade de uma pequena habitação moderna, bem estruturada, em face de uma casa velha e superada, na comparação que um conhecido arquiteto faz entre uma mala de viagem dividida com refinamento e um baú.

Se a adução de luz, sol, ar e calor é culturalmente mais importante e também mais econômica, com preços normais de terreno, do que o aumento de espaço, a lei deve ser: aumentem as janelas, diminuam os quartos, a economia na comida é melhor que a do calor. Assim como antigamente eram valorizadas as calorias da alimentação em lugar das vitaminas, muitos vislumbram hoje a salvação da moradia nos espaços e nas habitações maiores.

Em correspondência à maior ênfase, nos tempos vindouros, à vida individual dentro da sociedade e às justas pretensões individuais de uma separação temporária em face dos seus contemporâneos, dever-se-á levantar também a exigência básica ideal: *todo homem adulto precisa dispor de seu próprio quarto, mesmo que seja pequeno*. A habitação mínima resultante desse pressuposto fundamental representaria o objetivo mínimo, baseado em exigências práticas: *a morada padrão*.

As causas biológicas para a determinação do tamanho das habitações mínimas também são decisivas para o tipo de seu agrupamento e incorporação no plano urbano. *Um máximo de luz, sol, ar para todas as habitações!* Devido à diferença de qualidade do ar e da intensidade da luz, cumpre tentar a determinação

151

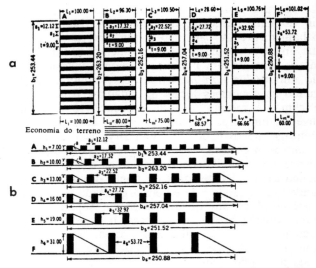

Fig. 40 a, b. c, d. Diagrama mostrando o desenvolvimento de um terreno retangular com fileiras paralelas de blocos de apartamento de diferentes alturas. Condições como ar, sol, vista e distância do bloco vizinho são melhoradas com o aumento da altura dos blocos em c e d. Em a e b estas condições são constantes, porém quanto mais altos os edifícios menos terreno é preciso para a mesma quantidade de espaço vital.

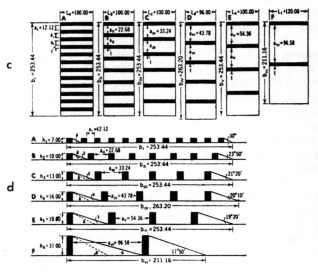

numérica de um limite mínimo a partir do qual seja possível calcular a quantidade de luz e ar requerida em um dado bairro. As prescrições quantitativas gerais, como existem hoje, que não levam em consideração as diferenças, não têm valor em muitos casos. O provimento de luz e ar para a habitação é naturalmente a meta de todas as leis de planejamento urbano. Cada legislação no domínio da construção sobrepujou a anterior no sentido de *diminuir a densidade habitacional* e com isto melhorar as condições de iluminação e aeração. Mas os meios até aqui empregados para tal fim provieram do conceito de família estável, estreitamente unida. Só se via a solução ideal na casa térrea, na casa unifamiliar, com jardim, e combatia-se, em conseqüência desta colocação, a densidade habitacional através das restrições ao gabarito de construção. Mas como ensina a sociologia, este tipo de proposta não mais é suficiente hoje em dia, pois satisfaz apenas parte das necessidades populares e não a necessidade da população industrial, com a qual estas indagações se relacionam em particular. A estrutura interna da família industrial se distancia da casa unifamiliar e busca *o grande edifício de muitos andares* e finalmente *a grande organização dos serviços domésticos*. Mas a tendência básica de aliviar a compacidade habitacional nas cidades não é invalidada por esta nova forma de moradia, pois a concentração habitacional de uma zona pode ser regulada, sem limitação da *altura* construída, pela simples estipulação das relações quantitativas da *superfície* de habitação, ou seja, da *massa* de construção com respeito ao terreno de construção. Assim o problema do desenvolvimento do grande edifício de múltiplos pavimentos estaria resolvido no sentido vertical. Enquanto a casa térrea unifamiliar corresponde mais às necessidades de outras camadas da população, mais abastadas, que aqui não devem ser levadas em consideração, o grande edifício de apartamentos corresponde hoje às necessidades sociológicas da população industrial, à emancipação sintomática do indivíduo e à rápida separação dos filhos com respeito ao conjunto familial. O edifício em altura oferece vantagens essenciais de tipo cultural face ao edifício baixo. Confrontando-se um conjunto de edifícios dispostos no sentido norte-sul, em blocos paralelos com um número de andares diversos (de 2 a 10), verificamos as seguintes escalas (v. Fig. 40 *a, b, c* e *d*).

Estes resultados escalares asseguram ao edifício em altura a vantagem, tão vital do ponto de vista biológico, de maior insolação e iluminação, maior distância dos prédios vizinhos e possibilidade de estender parques, jardins e *playgrounds* entre os edifícios. Parece pois necessário desenvolver tecnicamente o edifício em altura bem organizado, para elaborar a partir dele a idéia da grande organização dos serviços domésticos, isto é, da concentração e especialização do trabalho caseiro das famílias pequenas. Mas este prédio de apartamento não significa, então, um mal necessário de uma época decadente e atrasada, mas sim uma construção biologicamente requerida para a população industrial urbana.

A contestação dos defensores unilaterais da casa térrea, os quais combatem o prédio de apartamentos alegando que o impulso natural do homem o prende à terra, não está demonstrada biologicamente.

A moderna população industrial urbana procede diretamente da população campestre. Conserva as suas exigências primitivas de vida, muitas vezes até mesmo sob uma forma degradada, em lugar de reivindicar aquilo que corresponderia à sua nova forma de vida. A tentativa de retroagir as suas necessidades habitacionais à antiga forma de vida parece, em vista das razões aqui apresentadas, retrógrada e incompatível com a totalidade de uma nova forma de vida.

Até agora, as experiências nos diversos países indicam que entre os custos de construção de casas e o salário médio das famílias existe um largo vão, de modo que, no âmbito da economia livre, as necessidades habitacionais da massa não podem ser preenchidas. Por esse motivo, o Estado começa, também aqui, a subtrair do provedor da família uma parcela de seus cuidados paternos, nivelando paulatinamente, por meio de subvenções e outras medidas, a discrepância causada pelas taxas de juros imperantes. A construção de moradias populares serve de pouco incentivo ante a tendência natural da indústria e dos bancos em auferir o maior lucro possível da produção e do movimento de dinheiro. Como a técnica trabalha no contexto industrial e bancário e tem de utilizar todo e qualquer barateamento em primeiro lugar, em favor da rentabilidade da economia privada, só poderá fornecer moradias mais em conta e mais variadas, se o Estado, através de redobradas medidas de assistência social, fortalecer o interesse da economia privada pela produção habitacional. Para que se possa efetivar a habitação mínima a preços acessíveis, cumpre, pois, exigir do Estado que:

1. Evite o desperdício de dinheiro público com casas demasiado grandes e facilite, em contraposição, os fundos para a construção de habitações mínimas, para a qual é preciso determinar um *limite máximo de tamanho;*

2. Baixe os índices contratuais para a habitação mínima;

3. Ponha à disposição os terrenos de construção e os retire da especulação imobiliária;

4. Facilite o mais possível as normas de zoneamento e os códigos de obra.

Considera-se aluguel suportável o que vai em média até um quarto do rendimento. Será preciso verificar se o programa elaborado é ou não realizável no quadro dos aluguéis reais.

Mas as reduzidas exigências atuais que as pessoas à procura de habitação apresentam — uma conseqüência do empobrecimento — não devem servir de base para o estabelecimento do programa da morada mínima, se se pretender chegar a um resultado absoluto, biologicamente fundamentado; seria pois também falso se esse programa ficasse na dependência da renda média da família, como acontece hoje. O padrão bem estudado, ou seja, a "moradia-ração" deve conter a exigência mínima de todo indivíduo que trabalha; só então caberá à economia encontrar os caminhos para pôr à disposição de todo indivíduo que trabalha esta "moradia-ração".

11. CONSTRUÇÕES BAIXAS, MÉDIAS OU ALTAS?

Quais as alturas de construção consideradas racionais para núcleos urbanos de casas populares? A fim de esclarecer a questão, seria preferível explicar primeiro o conceito de "racional". Racional significa literalmente razoável e inclui, em nosso caso, além das exigências econômicas, sobretudo as psicológicas e sociais. Os pressupostos sociais de uma sadia política habitacional são inegavelmente mais vitais que os econômicos, pois a economia não é, apesar de toda a sua significação, um fim em si, mas apenas um meio para o fim visado. Toda racionalização só tem pois sentido, se contribuir para o enriquecimento da vida, se, traduzida para a linguagem da economia, poupar esta valiosa "mercadoria" que é a vitalidade do povo.

A concepção atual e válida com respeito aos gabaritos mais propícios à construção habitacional urbana é esclarecida em uma frase das *Reichsrichtlinien über das Wohnungswesen* (Diretrizes Governamentais para o Departamento de Habitação) para o ano de 1929:

"As habitações devem situar-se em edifícios que correspondam aos modernos princípios de higiene e que recebam, em especial, iluminação e ventilação suficientes. A construção plana é a que melhor satisfaz tais requisitos, no sentido amplo. O desejável seria uma casa unifamiliar com jardim. Se as condições locais demandarem o grande edifício de apartamentos, êste, em cidades de tamanho médio, deveria ter no máximo três andares, e em cidades maiores, no máximo quatro. Somente no caso particularmente excepcional de algumas grandes cidades, pode-se permitir que este número seja excedido, mas também aqui cumpre aspirar ao zoneamento baixo, sobretudo nas áreas suburbanas."

A tendência aqui seguida que, mesmo com um cunho menos pronunciado existe analogamente na concepção vigente na maioria dos outros países, nasce de uma sadia exigência fundamental, a de reduzir a densidade habitacional nas cidades, que em decorrência principalmente de especulação com os terrenos, aumentou consideravelmente. É dever do Estado eliminar, no interesse geral, os danos provenientes da infeliz circunstância de estarem os terrenos sujeitos aos problemas de conjuntura econômica.

As desastrosas conseqüências do desenfreado surto de construção nas cidades trouxeram como reação natural a tendência para a "volta à natureza" e a campanha das autoridades públicas e personalidades privadas para acomodar a maioria da população na casa unifamiliar com jardim. Esta forma de habitação é, por certo, em muitos sentidos, excelente e só se pode aplaudir a adoção de medidas públicas com o fito de fortalecer a construção de casas térreas. Errado seria, em compensação, se a tendência natural para limitar a altura das casas térreas fosse também transposta para o edifício de mais andares, pois a redução da compacidade habitacional, que é o objetivo desta, é regulável de modo mais racional do que o corriqueiro "zoneamento baixo". Sugestões para a solução deste importante problema são apresentadas mais adiante. As experiências econômicas dos últimos anos e as transformações nas concepções de vida e moradia de numerosos círculos da população, não deixam dúvidas de que o empenho unilateral em favor da casa própria levou em decorrência a negligenciar a grande construção, provocou confusões e influiu negativamente em toda política habitacional. No atual estado de coisas, a idéia de acomodar a maioria do povo em casa própria é certamente uma utopia, do ponto de vista econômico. Mas será tal objetivo correto em geral? Será que a casa unifamiliar com jardim, empréstimo tomado à vida do campo, é a solução ideal para a população industrial urbana com nostalgia da natureza? Haverá somente esta forma de habitação segura para moradores plenamente desenvolvidos sob o ângulo espiritual e físico? Será imaginável o desenvolvimento razoável de uma cidade, se todos os seus habitantes morarem em casa própria com jardim? Suponho que não. Mas examinemos os pressupostos a fim de podermos traçar os limites ótimos entre a construção baixa e alta.

Pressupostos

As opiniões quanto à forma ideal de moradia conflitam agudamente: correspondem em suas raízes à antiga antítese entre cidade e campo. O ser humano necessita de oposições para o incitamento e o relaxamento, o anseio do citadino pelo campo e o do homem do campo pela cidade é de natureza elementar e procura sempre uma satisfação. O progressivo avanço suspende os contrastes mais fortes; leva ao campo as conquistas da cidade e traz de volta à cidade os encantos da natureza. Quanto menos saciada é uma parte desta necessidade bilateral — e a insatisfação surge com maior ou menor intensidade, sobretudo nas grandes cidades — com tanto mais vigor irrompe a luta em prol dos fatores niveladores, como é o caso da moradia com jardim. A luta pela forma habitacional é, portanto, em seu núcleo, de origem psicológica, estando pois sujeita a reações de pânico e psicose, como chegamos a sentir na apaixonada campanha contra o cortiço.

As *pré-condições indispensáveis para o vingar sadio do homem são, afora nutrição e aquecimento suficientes, luz, ar e liberdade de movimento*. Sem dúvida, estas três condições capitais para uma habitação utilizável são melhor preenchidas pela casa unifamiliar do que pelas mal-afamadas moradas maciçamente amontoadas nos cortiços. Mas o responsável pela terrível miséria desta domiciliação indigna não é a forma habitacional do grande edifício de muitos andares, e sim a legislação míope que abandona a construção da moradia popular à mercê da especulação inescrupulosa, sem previdência social. O grande edifício, cuidadosa e responsavelmente planejado, erigido com recursos bastantes, em meio a largas áreas verdes, pode no entanto preencher as requeridas condições de luz, ar e movimentação e, demais, conceder ao citadino uma porção de outras vantagens.

A domiciliação metropolitana que se caracteriza por estabelecer numerosas pessoas empenhadas em trabalho ativo no núcleo compacto de uma *City*, demanda caminhos curtos, isto é, o aproveitamento da articulação vertical da construção para abreviar distâncias horizontais. A casa térrea é uma forma de habitação contrária à tendência básica de uma cidade. A tarefa do planejador urbano não consiste apenas em melhorar os meios de transporte, mas principalmente em reduzi-los. Os habitantes de Los Angeles — a maior cidade do mundo, em área, e quase toda construída em extensão — gastam a maior parte do dia em veículos de transporte para ir aos locais de trabalho e comércio, e voltar deles, sacrificando muito tempo e dinheiro em viagens diárias, do mesmo modo que a nossa população dedicada ao trabalho ativo, pois seus caminhos médios para o serviço já são demasiado longos. O diretor do Instituto de Pesquisas de Higiene e Imunidade do Instituto Kaiser Wilhelm, em Berlim-Dahlen, Prof. Friedberger, calcula que uma família berlinense de quatro pessoas, obrigada a trabalhar na cidade, despende em média 41,60 marcos em transporte mensal, ou 139 por cento de um "aluguel de paz" (*Friedensmiete*) de 30 marcos. Essas despesas de transporte alcançam em 25 anos, com apenas 3,5 por cento de capitalização, 19 000 marcos, o que corresponde ao dobro do valor de produção de uma casa popular. Ele calcula ainda que, supondo que cada pessoa ativa leve em média meia hora para ir ao local de serviço e dele voltar, nos 2,2 milhões de pessoas ativas, em Berlim, há uma perda de 37 500 000 dias de trabalho, a 8 horas diárias, ou seja, cada uma delas perde, em 30 anos, 2 anos de serviço. Como devem subir essas cifras, quando calculadas em relação a Los Angeles!

Para a média da população sem recursos seria, pois, desvantajoso, do ponto de vista econômico, morar na periferia da cidade. Citarei as conclusões do Prof. Friedberger, em suas pesquisas:

"Assim resulta que, para a grande cidade, o único método adequado é a construção alta, com áreas verdes mais amplas possíveis na redondeza imediata. Os pecados do código de obras, principalmente quanto ao aproveitamento da construção, que foram cometidos na época de crescimento de nossas metrópoles, respondem pelo descrédito em que se viu colocada a única forma de edificação adequada para a grande cidade. Assim se fez sentir como movimento de reação natural à "caserna de aluguel" (*Mietskaserne*) — esta habitação inconveniente e odiosa, não como tipo, mas sim, e com razão, por sua forma de realização e utilização — o desejo pela residência particular, isto é, a tendência para a periferia da grande cidade. Nisto as ponderações racionais desempenham papel menor do que posições sentimentais com forte pendor romântico. Não é possível, no entanto, desenvolver uma política habitacional sentimentalista, contra as leis brônzeas da economia. Além disso, exigências exageradas de higiene, que não permitem que o acessível economicamente beneficie o maior número de nossos compatriotas, exercem aqui um efeito diretamente antipopular.

O almejado ideal da casa própria suplanta com demasiada facilidade todas as considerações econômicas..."

Este julgamento de Friedberger pesa ainda mais por proceder de um higienista de responsabilidade.

Os inimigos da casa urbana de aluguel atribuem a este comprimido morar metropolitano o decréscimo da natalidade e o aumento das enfermidades, uma fundamentação que parece por certo plausível. Mas é de estranhar que importantes fatos se oponham à mencionada suposição. De conformidade com o *Statistischen Jahrbuch für das Deutsche Reich* (Anuário Estatístico da Alemanha), do ano de 1928, cada 1 000 habitantes do país em conjunto registram 18,6 nascimentos e todas as grandes cidades juntas, apenas 13,6. No entanto, o número de nascimentos nas áreas industriais densamente povoadas do oeste da Alemanha — Essen, Bochum, Dortmund, Gelsenkirchen, Munique-Gladbach — a média é de 20 por 1 000, isto é, superior à média total da Alemanha O conselheiro médico de Berlim, Von Drygalski, e Krautwig, higienista de Colônia, afirmam que as epidemias contagiosas não têm qualquer relação com a abertura habitacional, mas sim com a má iluminação e aeração destes tipos inferiores de moradia, que são, além disso, habitadas pelas camadas do povo economicamente mais fracas e menos bem alimentadas.

Em sua *Untersuchung über Wohnungsverhältnisse, insbesondere über Kleinwohnungen* (Pesquisa das condições habitacionais, especialmente das pequenas moradias), Friedberger acaba com a tese de que nos grandes centros reinam as piores condições habitacionais. Baseado ao mesmo tempo em suas próprias cuidadosas investigações acerca do campo e da cidade, e nas de outros cientistas, chega à conclusão que o ponto de vista segundo o qual viver e morar na grande cidade é nocivo à saúde está gravemente abalado.

Comparação entre a Construção Baixa e Alta

A confiar nestas opiniões, *o grande edifício seria, em suma, sob o prisma da saúde, a forma ideal de habitação, com o pressuposto, naturalmente, de que existam boas condições de iluminação e ventilação. Ambas as formas de construção baixa e alta, tão essencialmente diversas, não são em si nem boas nem más, porém suas qualidades diversas condicionam aplicações distintas.* Comparemo-las então:

O morador da casa térrea troca a vantagem do maior sossego e da proximidade da natureza nas zonas residenciais menos populosas pela desvantagem das longas vias de acesso, perda de tempo livre em meios de transporte abarrotados, com perigo de infecções, longos caminhos para a escola das crianças e dificuldades de fazer compras. O morador do grande edifício, por seu turno, tem de pagar o tempo ganho nas curtas vias horizontais, com a perda do acesso imediato ao ar livre que se lhe apresenta à saída de casa e precisa levar em conta escadas e elevadores. Para famílias assentadas, de camada social elevada, que não estejam sujeitas a mudanças de emprego ou de moradia, é mais adequada a casa térrea com jardim, para a grande massa de trabalhadores livres, o mais adequado é o apartamento do grande edifício. A casa unifamiliar não preenche nem as condições de preço nem de conveniência desta camada maior de consumidores de habitações, e isto na verdade por causa não dos males da economia capitalista, mas porque a estrutura da cidade impede a sua expansão unilateral. O conselheiro de construções civis (*Stadtbaurat*) Dr. Martin Wagner, um apaixonado paladino da construção baixa, considera fato provado que não é lucrativa em geral a construção da casa unifamiliar como habitação menor, mas tão-somente como residência para famílias maiores, e ainda, que as despesas do próprio terreno são maiores do que no caso de um prédio de apartamentos, do mesmo tamanho. Isto é incontestável, e assim a casa unifamiliar fica reservada ao setor mais elevado do povo. Como para algumas esferas da população este tipo de casa traz, sem dúvida, vantagens para a vida familial, em especial para as crianças, o governo é obrigado, lá onde a necessidade de casa própria está em pauta, a favorecer a construção metódica dessa forma de vivenda, mesmo que as dificuldades econômicas para a sua execução sejam maiores do que para a dos grandes edifícios. Na escolha da forma de habitação, cumpre saber com clareza que se faz necessário comparar não só os custos de produção, mas também as despesas administrativas em tempo e dinheiro. Estas últimas, em particular, são muito maiores na casa unifamiliar, principalmente se forem computados os gastos de condução. Acima de tudo, falta à família de menos recursos o tempo indispensável ao cuidado de uma casa e um jardim, para que não sejam desleixados.

Ninguém negará a necessidade de aliviar, por meio de trabalho organizado na habitação, a sobrecarregada dona de casa da família popular, urbana, média, a fim de lhe dar tempo livre para si e para os filhos e para participar da vida profissional. Além disso, a mulher moderna procura tornar-se copartícipe do trabalho conjunto, não só por necessidade, mas por impulso interior no sentido de sua emancipação pessoal, e para isso procura desobrigar-se das tarefas caseiras. Isto tudo encontra melhor satisfação no apartamento do que na casa. Em uma enquete do "Reichsverband deutscher Hausfrauen" (União das Donas de Casa Alemãs), 60% se decidiram em favor do apartamento. As assistentes sociais às voltas, na prática, com o problema da moradia, são de parecer, com base no conhecimento que têm das condições da família proletária, que apenas uma parte mínima e melhor situada do proletariado pode pensar em casa própria do tipo térreo, enquanto que para a grande maioria, de recursos menores, só o grande edifício seria viável como forma habitacional.

Se agora a prática das construções residenciais, considerando também os fatores econômicos, mostra que parcelas preponderantes da população trabalhadora não podem ser providas por meio das construções de casas de moradia, bem como recusam em parte esta forma de habitação, resulta daí claramente que o grande edifício bem organizado e moderno não deveria ser visto como um mal necessário, porém como um verdadeiro organismo habitacional biologicamente condicionado por nosso tempo. As objeções dos defensores unilaterais da casa térrea, segundo os quais o instinto da natureza humana prende o homem ao solo, contradiz a calorosa opinião de numerosas pessoas que se sentem particularmente bem em uma habitação elevada, uma vez que conhecem perfeitamente a vantagem dos andares superiores que, sem barulho de trânsito e de crianças, proporcionam maior sossego e uma vista desembaraçada da natureza. Não deve passar despercebida a própria mudança do sentimento da natureza física no homem moderno, sob a influência da cultura na sociedade, para a qual há numerosas analogias.

Altura de Construção

Qual a altura preferível para os edifícios: 3, 4, 5, 10 ou 50 andares? Partilho do ponto de vista que não se pode afirmar, sem cometer auto-engano sentimental, que haja mais contacto com a "natureza" no 4º andar sem elevador do que no décimo *com* elevador; e de que é bastante duvidoso que o morador de um palacete em meio ao barulho, cheiro e poeira das vias de trânsito, viva mais calma e saudavelmente do que seu concidadão mais pobre, no décimo andar de um edifício bem organizado e equipado. A altura preferível de um prédio de apartamentos é, a meu ver, apenas um problema econômico, que ainda não está resolvido totalmente por falta de tentativas práticas.

Com o planejamento sistemático do prédio de muitos andares e com as melhorias relativas, por exemplo, a elevadores e instalações, o custo de construção subirá com o aumento do número de andares, isto é, com o correspondente aumento no total de elevadores, mas, ao mesmo tempo, diminuirá o custo da quota de terreno e de seu preparo. O limite econômico situa-se lá onde o acréscimo dos gastos de construção não é mais equilibrado pela economia feita com o terreno e a rua. A esta altura do cálculo, está claro qual a altura de construção economicamente preferível. O resultado depende do respectivo valor do terreno!

Aproveitamento do Terreno

Cheguei agora à questão do aproveitamento do terreno e partirei, no caso, da situação alemã. Que condições se nos deparam?

Cada nova regulamentação das construções procurou superar a anterior e melhorar as condições sanitárias dos moradores dos distritos densamente povoados. Mas a regulamentação mais recente traz ainda o selo de uma luta entre especulação e administração pública, em vez de favorecer uma idéia central que aponte para o futuro e que, saindo de princípios biológicos de habitação, seja capaz de manter em xeque sistematicamente os interesses particulares. O atual

165

código de obras vedou e previu suficientemente a possibilidade de introduzir a natureza na moradia dos que habitam as zonas citadinas com edificações mais elevadas. Os terríveis fundos de quintal e pardieiros da época da industrialização foram, é verdade, eliminados pela regulamentação do após guerra que determinava a construção de unidades habitacionais. Em seu lugar, surgiram os blocos em torno de um pátio central ainda hoje em uso. Mas também esta forma de construção apresenta a grande desvantagem de não permitir suficiente iluminação e ventilação, pois do bloco de construções dispostas em todos os quadrantes resulta, para a maioria dos apartamentos, uma orientação deficiente, com inevitáveis cômodos de face norte, bem como soluções imperfeitas para os ângulos e para os apartamentos próximos que recebem sombra destes ângulos; em suma, ela deixa de observar importantes requisitos higiênicos. Este código e, sobretudo, a lei de zoneamento da construção, requer revisão. Em primeiro lugar, nessas modificações legais deverá estar a abertura do terreno pela construção em faixas paralelas, que nos novos tempos se faz respeitar cada vez mais. Ao contrário da antiga construção em bloco, o das faixas possui a vantagem de permitir que todos os apartamentos aproveitem igualmente as possibilidades de insolação, de não obstar a ventilação das alas por blocos transversais e de suprimir os mal ventilados apartamentos de canto. Além disso, por meio dessa abertura em faixa, a separação racional entre vias de trânsito, ruas residenciais e caminhos internos, torna-se mas fácil e mais econômica do que no caso dos blocos periféricos. Afora a melhor iluminação e o maior sossego do quarteirão habitacional, economiza-se o custo de abertura sem prejudicar o aproveitamento do terreno. Assim o resultado geral da abertura torna-se bastante propício não só ao aspecto econômico, mas também ao econômico e técnico-viário.

Tais vantagens podem ainda ser consideravelmente aumentadas se em uma nova lei fosse estabelecida a limitação da densidade habitacional em lugar da limitação da altura das construções, isto é, a proporção entre a área ocupada, ou seja, a massa da construção, e a área construída. As comparações que organizei mostram que *as condições higiênicas e econômicas são favorecidas em muitos sentidos com o número crescente de andares, e que os grandes edifícios de apartamentos levam vantagem sobre os prédios comuns de 3, 4 ou 5 pavimentos, os quais não podem dispor de áreas verdes entre os blocos e suficiente espaço de uma janela a outra.* Nas minhas comparações suponho que no dia 21 de dezembro, que é o dia mais breve do ano, as duas frentes dos edifícios construídos pelo sistema de faixas, obtêm no mínimo 2 horas de insolação.

Daí resulta, segundo Heilingenthal, como regra geral para a distância entre as fileiras: 1 1/2 vezes a altura da construção na direção norte-sul dos blocos, 2 1/2 vezes na direção leste-oeste e 2 vezes no sentido diagonal dos blocos. Esta regra evidencia que a posição norte-sul seria a mais favorável para o aproveitamento econômico do terreno. Demais, a melhor solução para a maioria das plantas no norte da Europa reside na insolação bilateral, no sentido leste-oeste, das fachadas dos edifícios. Partindo daí, investiguei comparativamente a edificação, em áreas de terrenos iguais, de fileiras de edifícios de 2 a 10 andares, construídos na direção norte-sul, e achei as seguintes normas fundamentais que devem servir para concretizar minhas propostas para modificar a densidade populacional (Fig. 40 *a, b, c, d*).

1. Em terrenos do mesmo tamanho, com ângulo de incidência de luz (30º), isto é, as mesmas condições de insolação, cresce o número de leitos conforme o número de andares.

2. Com o mesmo ângulo de incidência de luz e o mesmo número de leitos (15 m^2 para cada leito) em fileiras de edifícios com andares cujo número varia, a área do terreno construído diminui conforme aumenta o número de andares.

3. Em terrenos de mesma área e mesma quantidade de leitos, o ângulo de incidência de luz solar decresce com o aumento do número de andares, favorecendo assim a insolação das fachadas dos edifícios.

Em prédios de 10 pavimentos com o mesmo aproveitamento do terreno e a mesma superfície habitacional ou quantidade de leitos, a distância entre os blocos de edifícios cresce o dobro do necessário para satisfazer a regra geral, e isto sem nenhum prejuízo econômico. Uma vantagem que salta aos olhos. É pois absurdo que as leis vigentes imponham restrição ao gabarito e não à superfície habitada, privando o público dessas vantagens econômicas e higiênicas. Em um edifício de 10 a 12 andares, também o morador do pavimento térreo poderá ver o céu! Em vez de olhar para corredores ajardinados de 20 m. de largura, abrem-se as janelas para uma área de 100 m., arborizada, que ajuda a purificar o ar e proporciona às crianças grandes praças para brincar. Assim a natureza penetra na cidade, dando novos estímulos ao citadino. Se todos os telhados se transformassem em jardins, o que até agora quase não ocorreu, o citadino também reconquistaria lá em cima as terras perdidas pela construção dos prédios. A cidade grande precisa positivar-se, precisa do estímulo de uma forma habitacional por ela mesma desenvolvida, que corresponda ao seu organismo vital, que reúna um relativo máximo de luz, sol e plantas a um mínimo de trânsito e esforços administrativos. O prédio de muitos andares pode satisfazer essas exigências e por isso sua promoção seria a mais importante das tarefas da construção habitacional.

Vantagens e Desvantagens do Prédio Alto de Moradia

Resta uma preocupação: a falta de ligação direta entre o apartamento e o solo! A segurança no funcionamento dos elevadores deve ser incrementada de tal maneira que as crianças também possam utilizá-lo sem qualquer risco, e trata-se de uma questão mais econômica do que técnica. A antipatia contra o grande edifício é muitas vezes referida aos empecilhos que aí surgem para cuidar das crianças. Os atuais jardins de infância não se acham ainda à altura de resolver o problema. Apesar disso, o jardim de infância higiênico, bem dirigido, localizado, no melhor dos casos, no interior da área verde, entre as fileiras de prédios, com a creche para os bebês nos telhados ajardinados, continua sendo o objetivo certo. As próprias crianças revoltam-se muitas vezes contra estas organizações de massa, mas em outros tempos houve resistências da mesma ordem contra escolas e hospitais. A socialização da família citadina avança, apesar de tudo, e a ela corresponde a forma coletiva do grande edifício e dos serviços domésticos em grande escala com instalações coletivas. A necessidade de distância que o indivíduo tem, um fato amiúde citado em detrimento do prédio de apartamentos, não deve ser superestimada. A melhor maneira de satisfazê-la seria a de preencher a exigência: "A cada pessoa adulta o seu próprio quarto, ainda que pequeno", ao qual possa recolher-se. A ajuda mútua entre as famílias é altamente reputada e no grande edifício ela se faz indiscutivelmente mais fácil do que na casa isolada. E *só* o grande edifício pode livrar o morador individual da maior parte das tarefas caseiras mais árduas e demoradas, confiando-as a centrais de serviço, relevantes também do ponto de vista da economia popular, pois representam poupança de tempo e material. Ou será que não tem a mínima importância se a dona de casa de uma família operária, hoje tão terrivelmente sobrecarregada, não mais tiver de arrastar o carvão pelas escadas, acender o fogo e esquentar a água! Se a central se encarregar de lavar melhor e de maneira mais prática a roupa! Se aumentar a possibilidade e contar com geladeiras elétricas, exaustores e ventiladores mecânicos, cozinhas centrais modernizadas, bem como de áreas comuns para clubes, praças de esporte e jardins de infância, pois os custos seriam economicamente divisíveis entre um grande número de famílias no prédio de muitos andares! São custos para instalações cujo sentido é o de aplicar o lucro do tempo no que há de fundamental, no lucro de vida.

Suponho que a idéia do grande prédio habitacional e de sua necessidade em uma cidade moderna esteja agora demonstrada; mas não se pode combater hábitos antigos apenas com argumentos racionais, pois a simples adequação intelectual não basta; só a prática pode submeter a mentalidade estabelecida, e é preciso lutar em todos os países para que entre em curso a construção de grandes prédios habitacionais. Dever-se-iam construir os primeiros conjuntos de altos edifícios residenciais para famílias jovens, bem situadas, que por si mesmas tenham vontade de experimentar e ajudar a criar o novo estilo de vida. Na prática, impor-se-a, então, inevitavelmente a convicção de que só ao grande prédio habitacional é dado assegurar às largas massas o máximo em conforto doméstico, quer do ponto de vista dos serviços caseiros, quer da higiene e do transporte.

Voltando a resumir mais uma vez:

Na escolha da forma habitacional do citadino, o fator decisivo é o da máxima utilidade possível. Esta depende de suas inclinações, profissão e bolsa.

A residência térrea com jardim oferece maior sossego e isolamento, possibilidade de descanso, aproveitamento do jardim e mais facilidade no cuidado de crianças; como habitação mínima, ela é antieconômica, requer mais tempo na manutenção, é de difícil acesso e torna seus moradores sedentários.

A residência no grande edifício assegurava vias mais curtas de acesso, instalações centrais que economizam tempo e dinheiro para a administração e os estímulos sociais. Ela traz dificuldades para o cuidado das crianças fora de casa, devido às distâncias verticais, mas como habitação mínima é econômica e possibilita maior relacionamento social.

O edifício de altura média tem a desvantagem de oferecer espaços menores entre os blocos, reduzindo sua insolação, suas áreas verdes e de expansão. O prédio de muitos andares, em contrapartida, é mais ventilado, insolado e distanciado. Assegura o máximo em áreas verdes, onde principalmente as crianças podem dar largas a seu impulso de brincar e fazer barulho. Também é mais vantajoso no que tange à repartição dos custos das instalações centrais de ordem administrativa e higiênica.

Suas vantagens são decisivas para a cidade sadia.

Portanto: A casa térrea não é solução universal. Sua conseqüência lógica seria a desintegração e a negação da cidade. *A meta não é desintegrar mas distribuir a cidade!* Aproximar os dois pólos cidade-campo por meio da aplicação de recursos técnicos e do aumento máximo do ajardinamento de todas as superfícies disponíveis tanto no solo quanto nos telhados, de forma que a natureza não seja apenas acontecimento domingueiro, mas faça parte do dia a dia.

A construção elevada e a térrea devem ser desenvolvidas lado a lado, conforme a necessidade: a casa térrea, tanto quanto possível com um só pavimento, nas zonas da periferia urbana, com baixo índice de utilização; o grande edifício, com gabarito racional de 10 a 12 andares e instalações centrais coletivas, em toda a parte onde a sua utilidade esteja comprovada sobretudo nas zonas de maior índice de aproveitamento. O prédio de altura média não oferece nem as vantagens da construção plana, nem as do edifício de muitos andares, ao qual é inferior quer no sentido social, quer no psicológico e, muitas vezes, também no econômico. Sua superação significará um progresso, mas, em última análise, caberá ao desenvolvimento político e de visão do mundo a decisão final quanto à escolha da forma futura de construção.

12. PLANEJAMENTO ORGÂNICO DE UNIDADES DE VIZINHANÇA *

Falta de Planejamento Uniforme

Com o avanço da era técnica, as antigas comunidades artesanais perderam sua inteireza e força de função. A falta de uma nova forma de vida organicamente desenvolvida, que se adapte às mudanças das condições de vida na era industrial, trava o crescimento de um verdadeiro fruto democrático.

(*) Vide W. Gropius e Martin Wagner, "A Program for City Reconstruction", *The Architectural Forum*, Nova York, junho de 1943. W. Gropius, "Rebuilding Our Communities", Paul Theobald, Chicago, 1945. W. Gropius, "Organic Neighbourhood Planning", *Housing and Town and Country Planning*, Bulletin n9 2, United Nations Department of Social Affairs, Lake Sucess, Nova York, 1949.

O organismo chamado "sociedade" é uma unidade indivisível que não pode funcionar quando algumas de suas partes são excluídas ou negligenciadas; e se não funciona corretamente, então adoece.

Crescente Indiferença Social

As nossas atuais administrações municipais mamutes perderam toda e qualquer medida humana. O munícipe de uma metrópole não tem qualquer contacto pessoal com os administradores por ele eleitos, que de longe exercem uma autoridade anônima sobre a sua pessoa. Em conseqüência, uma crescente indiferença social passou a afrouxar os laços da sociedade. A falta de senso de responsabilidade e a solidão social estão se alastrando. Arte, ciência e religião perderam todo relacionamento entre si. Só uma nova síntese poderá reunir o que atualmente se encontra separado.

A ciência, a arte e a filosofia acham-se em condições de subministrar os elementos de uma nova ordem. Haveria alimentação suficiente, descanso e liberdade para todo ser humano, se descobríssemos um método efetivo de trabalho em conjunto e distribuição. Só em uma comunidade organicamente montada no dar e receber recíprocos pode o cidadão viver e aprender o princípio democrático do respeito mútuo. Habitações sadias fornecem pois o solo natural para que medrem boas relações humanas e um nível de vida mais elevado. Elas desenvolvem o sentido de comunidade, que se exprime em uma administração social e avançada.

Metas tão altas não podem ser atingidas por uma simples *melhoria da construção de moradias,* pois a construção habitacional é apenas uma das muitas funções de uma comunidade. Não é possível tratá-la à parte sem que haja estudo prévio e preciso para saber se determinada região está capacitada em geral a absorver novos bairros residenciais, se a rede de trânsito é suficiente, se as casas, os locais de trabalho e os clubes recreativos situam-se favoravelmente uns em relação aos outros. Do contrário, as cidades engolem desordenadamente a terra e espalham neste processo as modernas "doenças do asfalto": falta de senso de responsabilidade e de consideração para com o próximo e especulação desenfreada, sem planificação. Todo planejamento habitacional deve enquadrar-se no planejamento orgânico da cidade, pois do contrário os conjuntos residenciais recém-construídos entrariam logo em decadência e se converteriam em carga financeira.

Uma planificação sadia de parte dos órgãos locais de planejamento torna-se a pré-condição para que haja o amparo de recursos públicos à construção habitacional. Além disso, é importante observar criticamente a atual tendência à descentralização, a fim de evitar que construção de moradias volte a desperdiçar-se devido à falta de planejamento.

Forma Básica da Comunidade

Se quisermos obter condições saudáveis, bem planejadas, dentro da comunidade, é preciso estimular com meios drásticos o interesse e o senso de responsabilidade dos habitantes de modo que haja uma participação ativa em todas as medidas locais. A fim de consegui-lo, a estrutura da administração comunitária deveria ser humanizada, isto é, dividida em distritos administrativos menores. Estes deveriam basear-se na unidade administrativa de distritos vizinhos independentes, que, como organismos, são bastante pequenos para favorecer as relações sociais de uma pessoa para outra. Após uma geração de erros e enganos, os arquitetos e urbanistas do mundo inteiro chegaram ao seguinte esquema de organização para a administração de comunidades:

A menor das unidades administrativas independentes — e isto vale tanto para os distritos rurais quanto para os urbanos — seria a "unidade de vizinhança", com 5 000 a 8 000 habitantes. Isto corresponde a um número de habitantes suficientemente grande para sustentar uma escola primária produtiva.

A unidade administrativa subseqüente, na escala de grandeza, abrangeria respectivamente 5 a 10 "unidades de vizinhança", com 25 000 a 75 000 habitantes, com 1 ou 2 ginásios centrais.

A última unidade seria a grande cidade, ou metrópole, com uma seleção dos melhores colégios e universidades.

Toda unidade de vizinhança independente deveria dispor de sua própria administração autônoma.

Um sistema administrativo assim graduado asseguraria o exercício de uma influência direta dos habitantes sobre a administração e desenvolveria maior senso de comunidade. As relações entre famílias, amigos e grupos de trabalho teriam maiores probabilidades de atuar criativamente na existência cotidiana. A participação direta na vida da comunidade tornar-se-ia função natural de cada cidadão e protegê-lo-ia da solidão. Abstraindo-se alguns indivíduos solitários, o homem é um ser social, cujo desenvolvimento é propiciado quando vive em uma comunidade sadia. A influência que um homem exerce sobre outro é tão essencial para o seu progresso espiritual como a alimentação para o seu corpo. Abandonado a si mesmo, sem contacto com o vizinho, vem a embrutecer-se e sua evolução cessa.

O Ponto de Vista Humano

Assim como a administração local, também a estrutura física da habitação deve ter medida humana, isto é, corresponder ao ritmo de vida natural de um dia de 24 horas, determinado pelo homem e não pela máquina. O caminho diário para o trabalho não deveria somar mais que 30 ou 40 minutos. O tamanho de uma vizinhança — na cidade ou no campo deveria circunscrever-se ao homem que anda a pé, pois o passo humano determina o âmbito natural de nosso espaço vital imediato. Todos os lugares de trabalho e recreação dentro da comunidade deveriam ser alcançados a pé em 10 ou 15 minutos. Isto restringiria sua esfera a um diâmetro de mais ou menos 1 km.

Para sua existência independente, a população precisa de locais de trabalho em zonas separadas do comércio e indústria, sua própria administração local, suas próprias escolas, igrejas, lojas e praças recreativas. Não se pode esquecer nenhum desses fatores, pois o mero amontoamento de moradias humanas não chega a representar uma comunidade orgânica. Mas se o estabelecimento fôr devidamente provido de todas essas instalações comunais, bem calculadas em tamanho e posição, então seus habitantes estarão de posse de todos os pré-requisitos para um contacto entre si, social, vivo e sadio. Esta perspectiva foi, já há muito tempo, a causa do afluxo para a cidade. A iniciativa social dos habitantes e sua capacidade de plasmar uma vida própria desdobrar-se-iam primeiro no quadro da vizinhança e depois passariam aos poucos aos domínios mais afastados.

Nova Articulação Regional

Com o crescente interesse pelos deveres públicos, mediante a competição sadia, o orgulho do que já foi realizado e a lealdade que resulta das boas relações no seio da vizinhança imediata, desenvolver-se-á nova articulação regional e nova força de expressão que se perdeu no curso das revoluções industriais. Graças ao crescente sentido social, o número de delitos e crimes também diminuirá; pois, hoje, sabe-se que as inconveniências sociais se baseiam não tanto em fatores biológicos ou psicológicos, nem na pobreza, mas na falta de coesão social.

Assim uma vizinhança organizada de maneira calculada e segundo um plano tem possibilidade de desenvolver, manter e fortalecer o seu próprio caráter. O bom planejamento não pode, é verdade, produzir por si, tirando-as de si mesmo, boas relações de vizinhança, mas pode dar a moldura para semelhante desenvolvimento.

Cultivo do Solo Social

Esta afirmação possui fundamento científico. Dois biólogos ingleses, Dr. Scott Williamson e Dr. Ines Pearse, efetuaram uma pesquisa original no Peckham Health-Center de Londres. Estudaram a estrutura social em sua menor unidade, que, a seu ver, não é o indivíduo mas a família. Descobriram que o biólogo não tem em parte alguma a possibilidade de estudar a saúde em si e que todos os institutos só visam ao exame e cura das moléstias. Propuseram-se então a criar uma plataforma que permitisse a toda família média um intercâmbio social múltiplo e, com isso, ao biólogo, um retrato fiel dos fatores que favorecem o desenvolvimento normal. No edifício de uma espécie de clube especialmente projetado, com piscinas, cafés, jardins de infância, ginásios de esporte e recreação, centenas de famílias londrinas, médias, foram libertadas de seu insulamento social. Não se admitiram quaisquer espécies de instrutores, pois todas as iniciativas comuns deveriam originar-se unicamente das relações naturais entre as famílias. Nada lhes foi imposto, mas as instalações especiais do edifício lhes davam numerosas oportunidades para as mais diversas atividades. A única condição exigida ao sócio era o exame médico periódico, ao qual todos eram obrigados a se submeterem.

Dentre as anotações sobre essa interessante experiência, lemos que: "A saúde não surge do tratamento ou da prevenção das moléstias, nem da correção das más condições físicas ou sociais, mas do cultivo do solo social."

O relatório diz ainda que a saúde seria tão "contagiosa" quanto a doença, se lhe fosse dada a possibilidade de expandir-se: mais ainda, que não se pode empregar o conceito de "comunidade" para qualquer grupo de pessoas, só porque foi reunido por quaisquer motivos de conveniência, como, por exemplo, em um projeto de conjuntos habitacionais para grandes indústrias. Ela resulta muito mais da organização natural e funcional da sociedade, cujo crescimento interno está determinado pela sua própria anatomia e filosofia, conforme sua função biológica. Assim, uma comunidade é um "órgão" específico do corpo social, que se compõe de células vivas e em reprodução, isto é, os lares individuais.

O coração do futuro organismo coordenador das múltiplas possibilidades de intercâmbio social é o centro comunitário, de onde saem as artérias sociais que determinam o caráter e a força do grupo inteiro. Tal centro necessita de um local de reunião pública e algumas salas de reuniões, e a melhor maneira de planejá-lo é em conjunto com o prédio da escola. A partir deste centro a população pode dirigir sua vida social com relação a todas as classes etárias e exercer sua influência sobre a administração e as instituições culturais. Como núcleo social, o centro comunitário ativa e orienta todas as ações e planos coletivos, proporcionando ao mesmo tempo a cada indivíduo, através da participação ativa, a possibilidade de encontrar seu devido lugar no âmbito da comunidade.

Prioridade para a Construção dos Centros Comunitários. Estes centros comunitários deveriam gozar de prioridade sobre todos os demais projetos, até mesmo a construção de casas, devido à sua significação essencial para o desenvolvimento humano do grupo. Alimentam, por assim dizer, as artérias da comunidade, tal como um gerador provê a energia necessária para uma indústria.

As melhorias na constituição comunitária poderiam sofrer efetivo aceleramento, se o processo de saneamento fosse assentado de maneira orgânica, isto é, em dois pressupostos essenciais: divisão básica dos distritos urbanos e rurais em unidades de vizinhança com limites determinados — cada unidade com sua própria administração local e independente — e construção de um centro coletivo para cada unidade, preferivelmente em ligação com o prédio da escola. Daí resultaria um quadro humano saudável, de importância política imediata.

Fases do Programa de Saneamento

Que métodos devemos aplicar a fim de estourar a camisa de força que ameaça asfixiar nossas cidades? Antes de mais nada é mister submetê-las a uma sangria, pois sofrem de "pressão alta". Todos aqueles que não conseguem, dentro da cidade, uma ocupação permanente deveriam ser instalados, juntamente com algumas indústrias menores, em novas unidades de vizinhança em zonas suburbanas. Desejaria frisar que este método exige a transferência, tanto dos ramos de produção ameaçados quanto da retaguarda de compradores, os quais devem ser deslocados dos *slums* da cidade para locais saudáveis de estabelecimento. Os operários desempregados poderão ser reconduzidos ao processo produtivo a um custo menor por cabeça, do que a administração da cidade teria de despender para derrubar os *slums*, construídos sobre terrenos caríssimos e para a assistência social improdutiva. Tal transferência dos desocupados deveria aliviar o corpo enfêrmo da velha cidade para revitalizar a circulação do trânsito e ampliar seu espaço para a recreação.

Livre do lastro inútil dos *slums*, a cidade poderia aproveitar as áreas assim ganhas para a construção de parques e centros comunitários ou para uma rede de trânsito que unisse os distritos contíguos entre si e ao centro da comunidade. Recuperariam então todo o domínio de sua verdadeira função como partes orgânicas da estrutura social homogênea. Naturalmente este desenvolvimento necessita de tempo.

Este seria o primeiro passo para o planejamento de tais unidades de vizinhança na periferia da cidade ou fora dela. Isso nos proporcionaria a experiência requerida para dar o segundo passo, bem mais difícil: a criação de novas estruturas comunitárias no seio das velhas cidades.

Sugestões Práticas para a Reconstrução:*

1. O saneamento de terrenos ou quarteirões inteiros não se mostrou vantajoso. Tornou-se necessário o saneamento de áreas enormes que se estendem por quilômetros quadrados, desde que tomamos consciência das relações inseparáveis que existem entre a cidade e seus arredores imediatos.

2. Sugestões anteriores, como a "cidade-jardim" e outras idéias puramente estéticas, mostraram ser soluções incompletas. A elaboração de instrumentos jurídicos, financeiros e técnico-administrativos precisa ser antecipada por uma planificação geral satisfatória.

3. Para qualquer trabalho de reconstrução, a relação entre o lugar de trabalho e moradia deveria desempenhar um papel decisivo.

4. As cidades atuais precisam ser desafogadas da "pressão alta". Seus habitantes desempregados de-

(*) W. Gropius e Martin Wager, "A Program for City Reconstruction", *The Architectural Forum*, julho de 1943.

veriam ser fixados, com pequenas indústrias, em novos bairros (*Nachbarschaft*), de modo a recuperarem o poder produtivo e aquisitivo.

5. As novas vizinhanças deveriam ser construídas nas proximidades de ruas de primeira ordem e ligadas ao velho centro da cidade por vias expressas de comunicação.

6. O tamanho da vizinhança deveria ser mantido em limites tais que o pedestre pudesse facilmente percorrê-la.

7. Os bairros deveriam dispor de um cinturão agrícola à sua volta.

8. A especulação com terrenos conduz muitas vezes à ruína o novo estabelecimento. Por isso a própria comunidade deveria ser proprietária de suas terras. Os lotes individuais seriam alugados, ao passo que as casas poderiam ser próprias.

9. A estrutura administrativa de uma unidade de vizinhança deveria assumir a forma de um organismo comum autônomo, dotado de administração local independente. A independência fortalece o espírito e o senso comunitário.

10. Poder-se-ia reunir 5, 10 ou até mais unidades de vizinhança para formar um distrito com administração própria e dotada de competência que excederia a esfera de ação da simples unidade de vizinhança. O tamanho e jurisdição administrativa de um bairro e de seu distrito superior poderiam também aplicar-se às cidades antigas em saneamento.

11. O tamanho de uma unidade de vizinhança deveria permanecer estável. Mas dentro de seus limites os bairros habitacionais teriam de ser dispostos de modo tão flexível que pudesse absorver certas variações na população.

12. Paralelamente à transferência da força de trabalho improdutiva para novas comunidades, dever-se-ia proceder à compra de áreas que, em virtude da mudança, viessem a ser desocupadas na velha cidade. Só depois de novamente regularizado o reagrupamento dos terrenos, poder-se-ia empreender o próximo passo, que é o de sua redistribuição para alcançar o saneamento definitivo da cidade.

Um sistema de construções como o que foi aqui esboçado seria uma base sadia para uma forma de habitação urbana ajustada ao século XX, do ponto de vista social, econômico e cultural.

13. NÚCLEO DA CIDADE — CENTROS COMUNITÁRIOS

O estabelecimento de centros comunitários no núcleo das cidades e dos conjuntos habitacionais é mais importante e necessário ainda que a própria construção de habitações, pois estes centros servem de base cultural em que o indivíduo poderá desdobrar plenamente a sua estatura no seio da comunidade.

O problema do que deve consistir semelhante centro coletivo, semelhante "núcleo urbano", recebeu em diferentes países diferentes respostas conforme o seu desenvolvimento técnico, sua situação geográfica e seus costumes. Os países latinos, por exemplo, desenvolveram muito cedo as *plazas* bem definidas, nas quais se concentra a vida pública da comunidade. A civilização anglo-saxônia raramente fêz uso de centros sociais populares, preferindo converter a própria casa no centro de encontros para o contacto social.

Evidentemente tais costumes diversos dependem em parte do clima, mas não exclusivamente e, antes de partirmos para novas soluções, cumpre-nos ponderar cuidadosamente as tendências e idiossincrasias locais. Em muitos casos será preciso reavivar primeiro a necessidade de um centro comunitário, pois esta desapareceu de tal modo do horizonte dos homens que eles, amiúde, mal se recordam das grandes vantagens trazidas por tais centros à vida particular e social.

Em tempos passados, mais estáveis, as praças públicas e os centros recreativos se formavam ou por demanda comum ou então por ordem dos potentados; mas a sua instalação jamais foi negligenciada, como acontece hoje, particularmente nos países técnica e industrialmente mais adiantados.

Enquanto procuramos decorar os nossos lares com todo o conforto imaginável, esquecemos das grandes vantagens dos locais públicos de reunião. Ruas e praças são entregues ao automóvel, ao passo que o pedestre é forçado a safar-se por estreitas calçadas. Ele perdeu literalmente o direito ao caminho. O contacto vicinal, tão fundamental para a consciência dos antigos burgos e feiras, foi destruído pelo desenvolvimento explosivo de trânsito motorizado. É importante que construamos de novo nas nossas comunidades os centros públicos, onde os homens, livres do trânsito e da influência da casa particular, possam encontrar-se em uma atmosfera neutra e onde o clima da comunidade alcance expressão pública.

O exemplo mais famoso de um belo núcleo urbano que durante séculos serviu de ponto de encontro à sua comunidade e de base eficiente para a vida pública é a Piazza San Marco, em Veneza. Sua torre era um símbolo visível longe no mar; sua catedral refletia o poder divino e o palácio dos Doges, o poder terrestre; acima de tudo, porém, a própria Piazza é a grande sala de recepção do povo, um palco público em que se representam festividades, paradas e todos os festejos

Fig. 41. Plaza San Marco, Veneza.

Fig. 42. Diagrama de comparação.

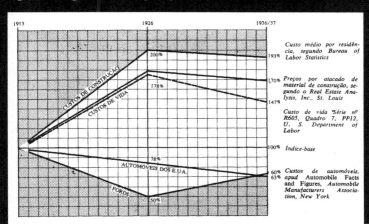

Fig. 43. Peter Breughel, uma praça de aldeia. Ruas e praças ainda são cenários apropriados para o intercurso social de toda a comunidade.

Fig. 45. Mas o que aconteceu agora ao pedestre?

Fig. 44. Uma rua de New York – um caos de estilos, formas e cores.

religiosos. Se observarmos agora a moderna praça defronte ao edifício das Nações Unidas, em Nova York, verificaremos que ela quase nunca é utilizada como centro social; é apenas um átrio monumental à entrada do edifício. O Rockefeller Center em Nova York engloba uma pequena praça que foi aceita como ponto de encontro público; mas seu valor é prejudicado pelo ruído estrondoso do trânsito à sua volta. Todavia, nas cidades modernas, as praças seriam particularmente necessárias aos pedestres, pois aí, no contacto e intercâmbio cotidianos entre os homens, uma forma de vida democrática lograria o seu melhor apoio.

Por que há de nos parecer um destes núcleos encantador e atraente, enquanto que o outro não nos diz nada? A resposta encontra-se em geral no difícil problema da proporção. Uma boa solução depende em larga medida da consecução de uma relação harmoniosa entre a altura dos prédios e a dimensão da praça. O tamanho real desta deveria ser calculado de tal forma que comportasse apenas o trânsito essencial. Se for grande demais, dará a impressão de estar vazia e não oferecerá a atmosfera acolhedora e social. As áreas enormes e abertas amedrontam a maioria das pessoas, em vez de animá-las.

Sou de opinião que, onde for alcançado um bom equilíbrio entre a área livre de uma praça e os edifícios circundantes, até os pormenores mais feios são absorvidos pela harmonia do todo. Em velhas cidades, constata-se também que edificações pertencentes a estilos e épocas completamente diferentes se dão entre si como partes harmônicas de um todo orgânico. Esta harmonia, no entanto, jamais foi o resultado de tentativas conscientes de adaptação estilística. Conquanto o projeto de uma edificação a ser erigida na vizinhança de outras, antigas, já existentes, sempre fosse concebido como parte de um conjunto maior ao qual deveria adaptar-se harmonicamente, ainda assim o projeto era "moderno" e nunca se apoiava nos motivos estilísticos de épocas passadas.

Uma outra questão que aflora inevitavelmente em conexão com o planejamento de núcleos de cidades é se a sua construção deve ter uma expressão monumental. A controvérsia sobre a definição do conceito de "monumentalidade", e se os monumentos são "eternas necessidades" da humanidade, deriva evidentemente do agudo drama das transformações de todos os valores com que se defronta a nossa geração. Não levando em conta a especial e eclética pseudomonumentalidade que dominava a imaginação do nossos pais, entendemos comumente pelo conceito de "monumento" uma obra erigida, de grandes proporções, que simboliza algo digno de lembrança — um evento religioso ou um caráter histórico, um vulto eminente ou uma conquista social. *Em vez de sua grandeza física, eu preferiria ver acentuada a sua qualidade artística e seu valor espiritual; portanto, aqueles imponderáveis mais apropriados para estimular a fantasia.* A idéia de procurar uma expressão monumental com a ajuda de símbolos formais convencionais, como era usual no passado, não mais corresponde aos ideais artísticos de nosso próprio tempo. No passado, o monumento simbolizava uma concepção estática do mundo, que hoje em dia se transmudou em uma concepção da relatividade de todos os valores. Por isso acredito que se vai formar por si um equivalente para a expressão monumental na própria plasmação do espaço vital humano, que saberá ajustar-se ao avanço e mudança da vida. Para dar um exemplo concreto: o projeto do Tennessee Valley, nos Estados Unidos, que representa um esforço coletivo para a melhoria orgânica de um grande distrito rural e de sua administração, traduzirá, a meu ver, mais a expressão monumental de nosso tempo e suscitará mais respeito e patriotismo na população do que a maciça grandiosidade do Empire State Building, que é apenas um símbolo quantitativo de êxito comercial.

Os valores espirituais mais elevados de uma cultura ascendente, que seriam dignos, para além dos problemas cotidianos, de serem simbolizados visualmente por arquitetos e artistas, só se cristalizam lentamente no subconsciente do homem. Só quando a atual filosofia do "tempo é dinheiro" der lugar a uma concepção cultural espiritualmente superior, o conceito de monumentalidade nos será novamente confiado. Mas não se limitará à "música fria" de símbolos estáticos, mas irá revelar-se no quadro conjunto do mundo criado pela mão do homem como propriedade constitucional.

14. A INDÚSTRIA DE CASAS PRÉ-FABRICADAS *

O homem tem a indubitável possibilidade de construir a sua casa bem e adequadamente, mas sua própria inércia interior e as tradições antigas impediram-no até hoje de realizá-la. A dura situação existente no mundo força governos e indivíduos a superarem esta passividade. A adaptação às alteradas condições mundiais nos leva finalmente a concretizar a antiga idéia de construir habitações típicas a preço mais barato, de

(*) Vide "Bauhausbücher", vol. 3, *Ein Versuchshaus des Bauhauses*, Albert Laneen (EDIE), Munique, 1924.
Embora escrito há trinta e dois anos, achei que devia incluir este trabalho no presente livro, pois ainda hoje, depois de acumulada larga experiência com a pré-fabricação na prática, ele continua procedente em seus pontos essenciais.

189

melhor qualidade e em maior número do que até agora, a fim de proporcionar a cada família a base saudável de vida. Por isso mesmo não surgiram ainda soluções gerais praticáveis que correspondam efetivamente à época moderna, pois o problema da construção habitacional não foi até agora, em parte alguma, compreendido no seu encadeamento *sociológico, econômico, técnico* e *formal,* nem, por conseqüência, resolvido pela base, de uma forma metódica e em grande escala. Até agora, tudo ficou em problemas tendenciosos, em questões sucedâneas e de economia, em considerações culturais-imobiliárias e estéticas. Mas desde que se reconheça claramente toda a extensão das exigências espirituais de que depende o problema da construção habitacional, a realização tática será apenas uma questão de método e *administração em grande escala.*

Ainda não existe um plano geral que responda ao "Como desejamos morar?", a partir do resultado lógico das possibilidades materiais e espirituais da presente época. A caótica falta de uniformidade na construção habitacional mostra que ainda não se definiu a idéia de uma residência adequada para o homem moderno.

Não corresponde isto ao modo de vida pelo qual cada indivíduo tem um lugar de moradia totalmente diferente da de seu próximo? Não constitui um indício de pobreza espiritual e pensamento errôneo, quando decoramos a nossa casa em estilo rococó ou renascença, ao mesmo tempo que, em todas as partes do mundo, usamos a mesma roupa *moderna* do homem de hoje? Os progressos técnicos das últimas três gerações superam tudo o que os milênios anteriores conseguiram. Decidimo-nos, então, confiando neste fato, a fazer reivindicações mais ousadas, para que, pela organização de todos os trabalhos materiais, o nosso *espírito* se torne cada vez mais livre. Talvez as *residências móveis,* em que pudéssemos levar conosco todo o conforto de nosso lar, até mesmo em viagens, não sejam mais uma utopia longínqua.

A Habitação Humana é uma Questão de Necessidade das Massas

Assim como hoje em dia 90% da população nem mais pensa em encomendar sapatos sob medida, limitando-se a usar produtos em série, em conseqüência de métodos aperfeiçoados de fabricação, no futuro cada indivíduo poderá encomendar *no depósito* a sua moradia adequada. A técnica moderna talvez esteja à altura da tarefa, mas não a organização econômica do ramo das construções, que ainda depende inteiramente do método de trabalho manual e não reserva um papel menos restrito à máquina. O remodelamento radical da organização conjunta da construção no sentido industrial é, por isso, uma condição imperativa para uma solução moderna deste importante problema. É preciso abordá-lo por três lados ao mesmo tempo, isto é, sob o ângulo *econômico organizacional, técnico* e *formal;* os três setores dependem diretamente um do outro. Soluções satisfatórias só poderão advir de procedimentos *simultâneos* nos três domínios, pois, dado o grande número de questões emaranhadas, não é possível conceder supremacia a um setor individualmente, mas tão-só ao trabalho conjunto de numerosos profissionais.

O barateamento da produção de habitações é de importância decisiva para a economia nacional. As tentativas de reduzir, por meio de métodos mais rígidos de organização do trabalho, os custos de construção de tipo manual, até agora não trouxeram senão progressos muito ligeiros. *O problema não foi atacado pela raiz. A nova meta seria a produção industrial em larga escala de casas de moradia, que seriam fabricadas, não mais no canteiro de obra, mas dentro de fábricas especiais em partes isoladas passíveis de montagem.* As vantagens deste tipo de produção seriam tanto maiores quanto mais possibilidades houvesse de montar as partes individuais pré-fabricadas no próprio canteiro de obra, por meio de *processos de construção a seco,* como se fossem peças de uma máquina. Esta *montagem de construção a seco,* que adiante explicarei melhor, removeria as transtornantes alterações das partes da construção devido à umidade e a perda de tempo

191

que o velho processo aquoso de construção com argamassa e reboco acarreta. Alcançaríamos assim, de um só golpe, completa independência em face das variações do tempo e das estações do ano.

Semelhante processo de construção industrial só é cogitável em larga base financeira. O pequeno empreiteiro, o engenheiro ou arquiteto nunca estarão em con dições, individualmente, de pô-lo em prática. Uma iniciativa conjunta, para tal fim, de todos os ramos compreendidos, já deu bons resultados econômicos também em outros campos. A compreensão de muitos chefes de firmas construtoras teria, pois, de preceder a formação de organismos de consumidores e a organização vertical de empresas com poder financeiro suficiente para assegurar a realização dos processos de produção em larga escala. As vantagens econômicas desta forma de construir seriam então enormes, sem dúvida. Profissionais experientes estimam que se poderia esperar uma redução de 50% ou mais nos custos. Isto significaria nada menos que todo trabalhador teria a oportunidade de conseguir para a sua família uma casa saudável e boa, assim como hoje, graças ao progresso industrial no mundo, lhe é dado adquirir artigos de primeira necessidade a um preço bem menor do que as gerações anteriores obtinham. O barateamento dos referidos produtos adveio, entretanto, do incremento das forças mecânicas — vapor e eletricidade — em face da mão-de-obra; do aproveitamento destas forças dependerá outrossim a diminuição de custos na construção habitacional.

A outra importante possibilidade de barateamento reside em uma alterada política financeira de ampla visão, que evite conscientemente o encarecimento dos preços de construção por causa dos juros cobrados pela mediação improdutiva das agências financeiras.

Antes que possa começar o labor organizacional prévio para resolver o problema da multiplicação industrial, é preciso que a questão da necessidade habitacional esteja esclarecida a tal ponto que seja possível apresentar precisas e válidas exigências de "Como desejamos morar?" A conseqüência será que muitos hábitos irão mostrar seu caráter supérfluo e obsoleto; por exemplo, o tamanho terá de abdicar, sem maior prejuízo, em favor do conforto habitacional. *A maioria dos cidadãos dos povos civilizados têm necessidades análogas no que tange às necessidades de vida e morada. Daí não se entender por que as casas de moradia que construímos não podem apresentar um caráter igualmente homogêneo, como as nossas roupas, sapatos, malas e automóveis.* A indesejável violentação das necessidades individuais, por força desta uniformização, deveria ser tão pouco quanto a que se dá por meio da moda.

Nada justifica que, em um núcleo residencial, cada casa exiba um projeto diferente, uma fachada diferente, outro estilo arquitetônico e outros materiais de construção. Ao contrário, tal situação significa desperdício insensato e incultura do tipo *parvenu*. A velha casa camponesa no Norte ou no Sul, a casa burguesa do século XVIII, por exemplo, denotavam, em quase todos os países europeus, uma configuração quase uniforme na planta e na disposição conjunta. Cumpre, todavia, atalhar o perigo da uniformidade total, nos termos da casa suburbana inglesa, pois a violentação do indivíduo é sempre uma coisa falsa e míope. Aqui a devida organização deve intervir e preparar de tal modo o planejamento da produção habitacional que a justificada necessidade individual, dada segundo a profissão e o tamanho da família, seja convenientemente satisfeita. *Em decorrência, a organização deve ter como alvo produzir não casas inteiras, em primeiro lugar, mas componentes padronizados, fabricados em série, de modo, porém, que permita montar diferentes tipos de casas, assim como na construção de máquinas certas partes normadas encontram aplicação internacional em diferentes máquinas.* O planejamento dos estoques estender-se-ia tanto à produção, em empresas de fabricação especial, de todas as partes requeridas pela construção, para a pronta entrega nos canteiros de obra, como também aos *planos de montagem* para casas de diversos tipos e diferentes tamanhos. Como todas as partes feitas à máquina e produzidas sob normas industriais padronizadas se ajustam à risca, torna-se possível empregar esquemas de armação executados exatamente no canteiro de obra e efetuar a montagem rápida com baixo custo de mão-de-obra, inclusive com trabalhadores desqualificados e em qualquer tempo e estação. Acima de tudo, seriam definitivamente evitadas as numerosas e desagradáveis surpresas e acidentes, bem como as conseqüências inevitáveis dos antigos métodos de construção: encaixes desajustados por causa das medidas inexatas de paredes ou da influência da umidade do reboco, diárias de trabalho imprevistas, perda de tempo e dinheiro devido aos atrasos na secagem, bem como as conseqüências do planejamento em geral precipitado dos projetos de casa por encomenda. Em vez disso, teríamos: ajuste absoluto das peças de encaixe produzidas na máquina, preços mais fixos e prazos mais curtos e mais certos, sob garantia.

A efetiva realização desta questão econômico-organizacional incumbe, antes de tudo, à *técnica*, à engenharia. Em seu terreno, também, a nossa colocação do problema significa uma revolução fundamental em face do rumo seguido até agora pela técnica de construção, seja no tocante aos *materiais* seja no tocante às *estruturas* da construção. A esmagadora maioria de nossas edificações é feita, hoje, com materiais fornecidos pela natureza, como pedra de cantaria, tijolo e madeira. A produção da casa ocorre essencialmente no próprio canteiro de obra. Todas as ferramentas e máquinas têm que ser instaladas no local e sobrecarregam o trânsito. Estas instalações volantes apresentam, face às instalações de uma fábrica, a desvantagem de que só podem ser mais primitivas. O preparo das argamassas pelos antigos processos molhados não permite calcular previamente o tempo de secagem da construção em bruto e o de realização do acabamento, que dependem das condições climáticas. O aperfeiçoamento técnico desta velha maneira de construir, mediante o aumento do formato dos tijolos, por exemplo, e da organização mais homogênea e racional do trabalho no canteiro de obra, não trouxe, todavia, maior simplificação nem barateamento. A técnica deverá, pois, recorrer a outros materiais de construção inaplicados até agora, materiais elaborados artificialmente, ao invés de produtos naturais sem elaboração, a fim de que se possam aproveitar as vantagens da construção por "montagem a seco". A meta seria não a de criar sucedâneos mas sim a de melhorar os *produtos naturais* de modo a torná-los materiais absolutamente seguros, de regularidade infalível (ferro laminado, ligas de cimento e madeiras artificiais). *Só a industrialização de todas as partes* necessárias à construção de casas, inclusive as *paredes, tetos e telhados,* possibilitaria uma solução conjunta do problema. Para tanto, a estrutura das casas também requer uma mudança fundamental. Cumpre descobrir um material capaz de substituir, com menos peso e em menos espaço, a resistência e a capacidade isolante das antigas paredes maciças, de tal forma que possa ser deslocado em partes inteiras da altura de um andar, ou então a obra precisa ser decomposta em armação de suporte (ferro ou cimento armado) e em preenchimento (sem função de suporte) das paredes, tetos e telhados. Semelhante armação pode ser feita de sustentáculos e colunas de ferro ou de vigas de concreto, unidos por sistema de moldura ou cinturão, similares às escoras de madeira nas construções com madeiramento exposto. O enchimento das paredes, tetos e telhados utilizará *chapas* padronizadas, confeccionadas em material resistente, leve, constante à temperatura, seguro do ponto de vista estático, além de poroso e isolante. Os inícios dessas placas de construção já se apresentam nos corriqueiros pisos de gesso, cimento de pome e chapas de concreto. O problema da produção industrial de partes de paredes, tetos e telhados, bem como de suas armações de suporte ainda espera solução. O fabrico em série e a padronização de portas, janelas, escadas e elementos de acabamento interno, em compensação, já se acham em processo de aperfeiçoamento, embora baseados no artesanato em vez da produção industrial em série. O engenheiro mecânico, que constrói trens, navios, automóveis e aviões, encontra-se à frente do engenheiro construtor, seja no terreno do material, seja no da construção, pois já está usando materiais homogêneos (ferro, alumínio e vidro) e peças destes materiais fabricadas em série. As suas experiências são de importância direta para a construção habitacional em massa.

Também do ponto de vista *artístico* o novo método de construção deve ser aceito. *É totalmente errada a afirmativa de que a industrialização habitacional redundará em degenerescência das formas artísticas.* Pelo contrário, a uniformização dos elementos terá como conseqüência saudável o caráter harmonioso das novas casas e bairros residenciais. Não se deve recear a monotonia existente nas casas suburbanas inglesas, desde que seja cumprida uma *exigência* básica: só as *partes* de construção serão tipificadas, os *corpos* erigidos por meio delas hão de variar. Na produção de elementos de construção padronizados a *finalidade* e a *função* serão determinantes para a sua configuração orgânica. A "beleza" será garantida por materiais bem trabalhados e uma edificação clara e simples, e não por ingredientes, — sob a forma de enfeites e perfis — mais ou menos estéticos, não condicionados pela obra e pelo material. Em que medida há de surgir de tais elementos de construção, desta "grande caixa de montagem", um espaço bem plasmado na obra arquitetônica, dependerá então do talento criador do arquiteto construtor. De qualquer maneira, a padronização das componentes não estabelece limites à criação individual, que todos nós almejamos, e a repetição das partes individuais e dos materiais idênticos em diferentes corpos de construção não dará uma sensação de ordem e calma, tal como a uniformidade de nossas roupas. Precisamente como neste caso, a peculiaridade do indivíduo e da nação guarda suficiente possibilidade de produzir seus efeitos, mas tem o caráter de *nossa* época.

O largo problema da industrialização da construção habitacional só pode ser resolvido mediante esforços extraordinários e recursos públicos. É, sob o ângulo político-econômico, de tamanha importância, que leigos e especialistas devem exigir energicamente que o Estado tome em suas mãos o preparo da solução. Governos e comunidades, que são os maiores clientes da construção, têm do ponto de vista econômico e cultural o dever de utilizar todos os meios possíveis para provocar o barateamento da construção habitacional. Até agora, as tentativas de fomentar a produção de métodos substitutivos e mais econômicos, tais como as promovidas pelo Governo depois da guerra, não levaram a nada. É preciso que sejam *organizados canteiros experimentais públicos*. Assim como um objeto que a indústria deseja produzir em série requer, na sua plasmação, antes que seja descoberta a sua forma típica, a norma, numerosos experimentos de preparação sistemática, da qual tanto o comerciante quanto o técnico e o artista precisam participar em igual medida, do mesmo modo a produção de partes padronizadas de construção só poderá efetivar-se mediante ampla união do mundo técnico, econômico e artístico. Isto significaria verdadeira previsão e economia e não a criação de métodos substitutivos.

Evidentemente os primeiros modelos de casas exigirão recursos consideráveis, como é o caso, na indústria, dos protótipos produzidos em laboratórios de pesquisa, antes de serem fabricados em série, a baixo custo. O financiamento das experiências é tarefa das organizações de consumidores em cujo proveito viria o pretendido barateamento ulterior da construção. Por isso, figuram entre os principais interessados na formação dos institutos experimentais onde possa ser combinado em idéias diretrizes homogêneas tudo o que foi obtido até agora, e onde isto seja submetido à prova com vistas à sua utilidade. Uma alteração tão profunda na economia da construção por certo só se consumará aos poucos. A despeito, porém, de todos os contratempos, há de vir, inevitavelmente; pois nada pode defender o *imenso desperdício de tempo, recursos e trabalho* decorrente do emprego de numerosos projetos individuais em complexos habitacionais e localidades inteiras, que são construídos de forma completamente diferente um do outro, artesanal, em vez de serem produzidos segundo planos uniformes e processos de construção em série.

15. UMA SAÍDA PARA A CALAMITOSA CONJUNTURA DA CONSTRUÇÃO HABITACIONAL *

A idéia de fazer economia por meio da racionalização já penetrou seja na administração pública seja na vida individual. Não se deve, porém, confundir racionalização com lucratividade, pois aqui não se trata apenas das necessidades econômicas mas também sociais da população.

(*) Cf. W. Gropius, "Toward a Living Architecture", *American Architect and Architecture*, Nova York, fevereiro de 1938. W. Gropius e Martin Wagner, "Memorandum for the House Committee Investigating National Defense Migration", 77º Congresso dos EUA., 1ª sessão, 1941, v. 17, pp. 6949-56.

A racionalização dos trabalhos da construção deve reunir os esforços de todos os diferentes setores para um plano conjunto e homogêneo.

Pesquisas experimentais de melhoria e aperfeiçoamento só podem realizar-se de maneira eficaz, se harmonizarmos todos os meios práticos e científicos de construção em um plano orgânico para o conjunto da construção. Os atrasos no progresso da construção moderna decorrem, na maioria dos casos, de uma coordenação defeituosa.

A situação do setor da construção habitacional, que representa o problema mais urgente e complicado, explica-se da seguinte forma:

As edificações habitacionais passíveis de estar ao alcance do homem comum devem ser erigidas com o mínimo gasto em material e tempo. Devem corresponder às exigências materiais e psicológicas da vida e precisam ser decentes. Há casas dêste tipo no atual mercado de moradias? Não. O homem comum pode comprar a sua comida, sua roupa e os objetos de uso diário a preços módicos, mas seu orçamento só lhe permite adquirir uma casa arruinada, construída originalmente para gente abastada, mas agora antiquada. Mesmo no quadro do plano social de habitação, amparado por fundos públicos, os aluguéis são ainda altos demais para as classes de baixa renda.

Deve haver algo errado em toda indústria de construção, se até para os aluguéis das casas edificadas esses subsídios continuam demasiado altos para as camadas mais pobres. No exemplo vê-se claramente por que o mercado, apesar da grande procura, não está interessado na construção de casas populares. Os custos de feitura e os aluguéis, que os proprietários e empresários consideram adequados, são desproporcionalmente altos em relação ao custo de todos os demais artigos comuns cujos preços se adaptam ao rendimento médio. Qual a causa desta situação claudicante? O que deve mudar na estrutura econômica para que o preço das habitações volte a um equilíbrio normal no mercado?

Em 1928 encontrei nos Estados Unidos um diagrama assaz esclarecedor, que comparava as curvas de preços na construção com as dos automóveis nos anos de 1913-1926. No mesmo espaço de tempo em que os custos médios de construção montavam ao dobro, o preço de um Ford descia à metade. A participação relativamente grande da mão-de-obra no processo de construção elevara o preço com a correspondente elevação dos salários, enquanto que o aperfeiçoamento dos métodos de produção em massa abaixara consideravelmente o preço dos carros. Para as camadas de renda baixa, a aquisição de uma casa decente tornava-se impossível, ao passo que a quase todo mundo era dado adquirir um automóvel. Se transferirmos esse diagrama à situação de hoje, verificaremos que o preço médio do automóvel continua decrescendo, enquanto que os custos da casa média só baixaram de maneira insignificante. Esse diagrama mostra claramente que os nossos métodos de construção continuam em atraso ou não são ainda capazes de resolver o problema.

A construção, o campo mais extenso e ramificado da produção humana, não conseguiu manter o passo com o desenvolvimento da técnica, e é hoje o último domínio a ser conquistado por esta. Além disso, a indústria de construção ainda não está estruturada homogeneamente, como outras indústrias. Continua demasiado dependente do trabalho artesanal e do pequeno empreiteiro, os quais perderam muito de sua qualidade e eficácia, uma vez que são forçados a entrar em concorrência com os métodos industriais. Embora seja crescente a fabricação industrial de partes isoladas de construção, o avanço é prejudicado pela falta de um processo unificado. Pois não se trata apenas de um problema de fabricação. Cumpre, sem dúvida, que os métodos da produção em série sejam introduzidos no ramo da construção, mas antes que o mercado da pré-fabricação esteja estabelecido em bases mais largas, a estrutura econômica deve sofrer modificações radicais. A primeira onda de entusiasmo pela pré-fabricação baixou, depois que os reveses ensinaram que uma tarefa tão gigantesca jamais poderia ser levada a cabo por uma só cabeça ou uma só firma, como Ford conseguiu fazer na indústria automobilística. A solução do problema parece, na verdade, estar à mão, mas ele tem raízes tão fundas em nossa estrutura econômica que só é possível dominá-lo mediante um ataque simultâneo em todos os setores correspondentes. Em primeiro lugar, é um problema de organização. Poder-se-ia poupar muito tempo, se fosse estabelecido um plano geral de organização, do qual participassem os melhores especialistas em todos os campos da construção. Um tal plano estratégico central adquiriria uma significação de autoridade em todos os passos ulteriores com o fito de solucionar o problema da construção de moradias, quando todos os brilhantes mas isolados esforços particulares, que se desperdiçam sem poder de realização, forem devidamente coordenados.

É evidente que o empresário particular, na sua luta pela existência, tenda a acentuar mais os seus interesses subjetivos, enquanto que uma instituição pública pode examinar objetivamente as numerosas idéias e invenções segundo sua utilidade para o bem comum. Só um processo puramente tecnológico, que não se deixe influenciar pela ingerência política ou particular, pode fixar um critério rigoroso.

Dever-se-ia fundar um "Instituto para a Padronização da Construção", em que o funcionamento do Estado e do Município trabalhasse em cooperação com arquitetos, engenheiros, empreiteiros, fabricantes, corretores de imóveis, financistas e pessoal dos sindicatos, a fim de descobrir uma solução definitiva para a urgente questão habitacional. Todas as entidades de pesquisa já existentes no setor, sejam elas particulares ou públicas, deveriam unir-se a fim de permutar experiências e resultados e conseguir uma visão mais aprofundada das dificuldades de padronização. O plano-chave a ser elaborado por tal instituto deveria abranger tudo o que possa contribuir para elevar o nível social, baixar os preços das moradias e assegurar uma correspondência entre a habitação e o flutuante mercado de trabalho. Eis os principais requisitos:

O planejamento regional deve ser regulado por leis interestaduais de zonas de construção.

O arrendamento a longo prazo de terras para a construção habitacional deve ser favorecido.

O mercado de capitais precisa ser interessado na pré-fabricação e nas novas idéias a ela vinculadas de um organizado *Service* (amortização a curto prazo e juros baixos).

As normas oficiais devem adaptar-se às novas técnicas de construção ao modo de normas de produção.

É preciso estudar os tipos de habitação mais adequados do ponto de vista social e econômico.

Cumpre pesquisar os padrões de medida mais ajustados às partes isoladas de construção; estas partes, por sua vez, devem ser tão flexíveis que se torne possível utilizá-las em diversos tipos de casa.

A pré-fabricação industrial, inclusive de unidades de instalação, como cozinhas, banheiros e ar condicionado, deve ser pesquisada.

É necessário simplificar a organização da construção, seja no escritório seja nos canteiros de obra.

Em vários desses setores já foram efetuadas experiências com ótimos resultados. Mas por não estarem integradas em uma organização bem sintonizada, de que carecemos tão prementemente, permanecem isolados. O "Instituto de Integração da Construção" acima sugerido poderia preencher essa lacuna. Por exigir, contudo, tanto trabalho organizacional, a idéia da racionalização precisa ser protegida da burocratização que destruiria sua meta final, ou seja, a de suavizar o caminho para o progresso criativo.

Os custos de semelhante instituto, que seriam cobertos pelo governo, são irrisórios em face das economias que poderiam, no país inteiro, advir de uma tal unificação de plano de construções habitacionais. Seria possível duplicar o poder aquisitivo dos recursos a serem despendidos na edificação de moradias e, assim, o principal problema da previdência social estaria mais próximo de uma solução final. Ao mesmo tempo, seria incrementada a iniciativa privada e multiplicado o número de empregos.

16. ARQUITETURA TOTAL *

O Século da Ciência

Procurei compreender quais as mudanças que, durante a minha vida, ocorreram tanto no mundo físico quanto no intelectual. Em minha infância, eu vivia com minha família em uma habitação urbana ainda iluminada a bico de gás. Cada quarto era aquecido por um fogão a carvão, inclusive o banheiro, onde todo sábado esquentavam a água para o banho; isto levava duas horas. Ainda não existiam bondes elétricos, auto-

(*) Cf. W. Gropius, *Architecture and Design in the Age of Science*, The Spiral Press, Nova York, 1952. W. Gropius, *Rebuilding our Community*, Paul Theobald, Chicago, 1945. W. Gropius. *Faith in Planing*, 1952, American Society of Planing Officials, Chicago.

205

móveis e aviões. O rádio, o cinema, o gramofone, os raios-X e o telefone eram desconhecidos.

O clima espiritual das décadas de 80 e 90 apresentava ainda um caráter mais ou menos estático, baseado na crença aparentemente invariável nos "valores eternos". Essa crença foi substituída pelo novo conceito de um mundo da incessante transformação, da relatividade de todos os fenômenos. Tempo e espaço tornaram-se coeficientes da mesma força cósmica.

As profundas mudanças de vida daí resultantes ocorreram no curso do último meio século de desenvolvimento industrial, e nesse curto espaço de tempo a vida humana se modificou mais radicalmente do que em todos os séculos anteriores, desde o nascimento de Cristo. Não é de espantar que estejamos sentindo o efeito do esforço deste ritmo sobre-humano de desenvolvimento, e não possamos manter o passo, devido à morosidade do coração humano e ao nosso limitado poder de adaptação.

Quem quer que pense em nossos dias está quebrando a cabeça para saber qual será o fim desse estupendo progresso científico. Novas técnicas e novas descobertas de transportes cada vez mais rápidos se atropelam, mas o que fazemos com o tempo economizado? Utilizamo-lo para meditar sobre nossa existência? Não! Nós nos precipitamos, em vez disso, de ponta-cabeça em um turbilhão maior ainda, fascinados por este *slogan* enganador: tempo é dinheiro! Precisamos evidentemente efetuar uma revisão de nossas metas intelectuais e espirituais.

Há algum tempo li um ensaio de Leon Tolstói em que ele acusa a ciência de estudar propositadamente "tudo". É de opinião que é impossível para a humanidade dedicar atenção completa a tudo, e que na tentativa de trilhar simultaneamente centenas de direções diversas, partir-nos-emos em pedaços, ao invés de aclarar o que mais nos preocupa e depois o declarar por finalidade de nossas mais sublimes aspirações. Tolstói acreditava naturalmente que à religião teria de caber esta decisão orientadora e que, por seu intermédio, se erigiria uma hierarquia indubitável de nossos valores vitais. Que fio de prumo resta hoje àqueles a quem esta concepção não mais parece vinculadora? Desde a época de Tolstói a ciência avançou um bocado, e existem pessoas que crêem seriamente que a ciência está destinada a formular a decisão final sobre o bem e o mal. Mesmo se chegássemos a isto, a esta crença, teríamos ainda de nos decidir pessoalmente a que concepção científica concederíamos a primazia; se déssemos livre trânsito a todas, correriam o perigo de eliminarem-se mutuamente e, mais do que nunca, seríamos os perdedores.

A Meta Estratégica

Gostaria de fazer a tentativa, ao menos em minha própria profissão, a arquitetura, de esboçar os principais objetivos do atual planejamento rural e urbano, dentro do sistema político e cultural de nossa civilização industrial. Antes de mais nada, procurarei achar uma definição: *O bom planejamento é tanto uma ciência quanto uma arte. Como ciência, analisa relações; como arte, leva as atividades humanas a uma síntese cultural.* Quero salientar de maneira especial a arte do planejamento, pois vejo aqui possibilidades de criação ainda inexploradas, que podem dar sentido e objetivos aos nossos numerosos e dispersos esforços.

Falou-se tanto que o rápido progresso da ciência interveio de modo tão destrutivo nas formas de vida familiares à nossa existência que esta só é ainda reconhecível de maneira fragmentária. O homem, na sua eterna curiosidade, aprendeu a dissecar o mundo com o bisturi do cientista, e perdeu visivelmente neste processo o senso de equilíbrio e unidade. Nossa era científica turvou manifestamente a nossa visão da unidade de nossa complicada existência, por ter impelido ao extremo a especialização. O profissional atuante, confuso com a profusão de problemas que se lhe apresentam, procura livrar-se da pressão das responsabilidades gerais, escolhendo uma só tarefa em um campo especializado, incisivamente delimitado, e recusa a responder a qualquer coisa que de algum modo ultrapasse esse setor circunscrito. Iniciou-se uma dissolução geral das conexões culturais, o que resultou no desfacelamento e empobrecimento da vida. Albert Einstein formulou isto da seguinte maneira: "O aperfeiçoamento dos meios e a confusão das metas parecem características de nossa era".

Restabelecimento da Unidade

Certos sinais, todavia, indicam que nos estamos afastando lentamente da superespecialização, com seu efeito terrível e atomizante sobre o laço interior da sociedade. Se buscamos o horizonte espiritual de nossa atual civilização, notamos que muitas idéias e descobertas visam exclusivamente a restabelecer as relações entre os fenômenos individuais de nosso mundo, que os cientistas até agora só estudaram *isoladamente* com respeito a seus domínios vizinhos. A medicina instala a concepção psicossomática na terapia das doenças, que é confirmada pela dependência mútua entre a parte psíquica e somática do corpo. A física nos trouxe novos conhecimentos sobre a identidade da matéria e da energia. O artista aprendeu a expressar, com seus meios, o tempo e o movimento, a nova quarta dimensão. Estaremos em vias de reconquistar uma representação abrangente da unidade desse mundo, que nós mesmos havíamos decomposto? Nesta enorme tarefa de vê-lo novamente como unidade o arquiteto e o urbanista deverão desempenhar um papel importante. Cumpre educá-los cuidadosamente para que, a despeito da profusão de saber especializado que precisam acolher e elaborar, não percam a visão do todo. É mister que vejam a terra, a natureza, o homem e sua arte como uma grande unidade. Na nossa sociedade tecnicizada, devemos sublinhar apaixonadamente que ainda constituímos um mundo de homens e que o homem, em seu ambiente natural, precisa estar no centro de todo o planejamento. Adoramos, porém, nossos ídolos mais recentes, as máquinas, de tal maneira que estamos a ponto de perder os nossos verdadeiros conceitos de valor. Por isso temos de investigar com precisão no que consistem as relações verdadeiramente valiosas entre homem e homem e entre homem e natureza, em lugar de cedermos à pressão dos interesses especiais ou dos.

entusiastas míopes, que enxergam na tecnicização um objetivo final.

Para quem construímos nossas casas? Para os homens naturalmente, e isso inclui todos os homens. Ofenderemos às funções da sociedade em conjunto se esquecermos de uma só de suas partes. A moléstia de nossas atuais cidades e habitações é o triste resultado da nossa incapacidade de colocarmos as necessidades humanas acima das necessidades econômicas e industriais.

Pensar em Relações

Se considerarmos em sua grande multiformidade o objetivo último do bom planejamento, veremos que na realidade abrange a vida do homem civilizado em todos os aspectos essenciais: o destino do solo, das matas, dos rios, lagos e oceanos, das cidades e paisagens; a ciência do homem, por meio da biologia, sociologia e psicologia; a legislação, o governo, a economia, a arte, a arquitetura e a técnica. Como todos estes fatores são interdependentes, não podemos examiná-los à parte. *A vontade de descortinar relações é, sem dúvida, de importância muito maior para o êxito do planejamento, do que todas as sugestões práticas para restritas soluções isoladas, por mais perfeitas que sejam.* Se concordarmos com esta hierarquia, então a ênfase deve recair no amplo "pensar em relações", — como desejaria denominá-lo — que surge através de um processo ininterrupto de compensação no antagonismo das forças, em contraposição ao pensar do especialista que conscientemente não ultrapassa as fronteiras de seu setor. Durante o penoso e detalhado trabalho miúdo que o planejador executa na tarefa diária, a sua responsabilidade precisa estar firmemente concentrada na grande meta estratégica, a fim de pôr sempre o planejamento isolado em relação com o plano geral da cidade ou região.

Liberdade Individual e Ação Coletiva

Nos Estados totalitários afigura-se aos povos que a liberdade individual e a ação coletiva são incompatíveis. Não conseguem imaginar que diferenças de pensamento e configuração possam seguir lado a lado com a produção em massa, em um sistema jurídico organizado. A democracia reconhece a autonomia do espírito humano; ela converte o respeito à diversidade individual em condição básica de toda tentativa de estabelecer um objetivo em conjunto, um denominador, leis e prescrições comuns. A intervenção dos governos nos assuntos do povo jamais deve chegar ao ponto de destruir a multiformidade individual, mas deve antes promovê-la. Em contradita a esta posição, sabemos hoje o que acontece quando, sob métodos ditatoriais, o planejamento e organização se tornam fins em si. O homem como indivíduo está sendo destroçado. O gênio individual é triturado no labirinto burocrático, ou se vê obrigado a dobrar-se à vontade de autoridades despóticas. Ao contrário disso, o bom planejamento deve crescer de baixo para cima, e não ser imposto à força de cima para baixo; as idéias nascem da iniciativa individual e não por ordem burocrática. Pode-se comparar a democracia a uma força centrífuga irradiante, em oposição à força centrípeta de um sistema feudal ou autoritário, que sufoca como uma camisa de força o crescimento natural.

O perigo que emana deste poder antidemocrático aumentou, sem dúvida, em nosso mundo cada vez mais encolhido em sua crescente rede de propaganda e serviços noticiosos, que torna todos os homens vizinhos, a despeito de todas as "cortinas" imaginárias.

Falta de Iniciativa Moral

Não deveríamos pressentir perigo apenas em ideologias inimigas. Acredito que deveríamos adotar uma atitude muito mais positiva em nossa luta para manter ativos e eficazes os impulsos criativos em face da mecanização embotada e da superorganização dentro de nossa própria sociedade democrática. A nossa civilização altamente automatizada exerce um terror todo especial. Parece estar muito longe do objetivo democrático superior, que poderia proporcionar ao homem a sensação feliz de uma vida realizada. Ainda não encontramos evidentemente o laço capaz de nos unir em nosso esforço de achar um denominador comum cultural que seja suficientemente forte para nos ministrar uma forma de expressão espiritual e material que seja entendida por todos. O alude do progresso e da ciência lançou o homem na confusão; incapaz de adaptar-se, sofre de uma deplorável falta de iniciativa moral. Desenvolvemos uma concepção mecanicista, uma mentalidade de "Gallup Poll", baseamo-nos na quantidade e não na qualidade, na nossa memória e não no nosso raciocínio. Curvamo-nos a ponderações práticas, em vez de plasmarmos uma nova convicção.

O Artista: Protótipo do "Homem Integral"

Haverá um antídoto para essa tendência de nossa era? Nossa sociedade está absolutamente cônscia que os trabalhos do cientista são essenciais para a sua continuação; mas ela parece ter esquecido da importância vital do artista para a enformação e ordenação de nosso ambiente. Ao contrário do processo de mecanização, o trabalho do verdadeiro artista, em sua busca despreconcebida, consiste em encontrar a expressão simbólica formal para os fenômenos de nossa vida. Para tanto, necessita da visão ousada e firme do homem livre. O seu trabalho é de grande significação para o desenvolvimento de uma verdadeira democracia, pois ele é o protótipo do homem "integral", sua independência e sua liberdade permanecem relativamente intactas. Suas capacidades intuitivas são o antídoto contra nossa supermecanização, e poderiam equilibrar as nossas vidas e humanizar as conseqüências da máquina. Mas o artista caiu no esquecimento, sendo muitas vezes até ridicularizado e encarado como um produto supérfluo de luxo da nossa sociedade. *Insisto, porém, que a nossa sociedade desorientada necessita urgentemente de uma participação criadora nas artes a fim de pôr termo à influência atomizadora da ciência.*

A experiência mostra que só em raros casos os simples fatos científicos são capazes, por si sós, de estimular a fantasia a ponto de seres humanos se disporem a subordinar suas acariciadas ambições particulares a uma causa comum. Se se pretende que eles sejam arrastados e se entusiasmem da modo que afastem por si mesmos as barreiras ainda hoje subsistentes no caminho de um melhor planejamento e da atividade construtora, cumpre fazer ressoar aspectos mais profundos do que os atingidos por meio de puros processos analíticos. Embora o desenvolvimento científico tenha trazido abundância material e bem-estar físico, a nossa civilização ainda não chegou a uma maturidade apta a criar formas. A nossa vida dos sentimentos continua incompleta com a pura produção material do dia de oito horas de serviço. Esta falta de satisfação espiritual deve ser a razão pela qual ainda não conseguimos tirar proveito total de nossas brilhantes conquistas técnicas e científicas e ainda não alcançamos uma forma de vida cultural característica.

Por isso estou persuadido de que a contribuição do *designer* criador, que domina os aspectos visuais de uma tarefa de planejamento e lhe pode dar magnetismo humano, é de importância essencial. Nenhuma sociedade do passado obteve sua expressão artística sem a cooperação do artista; os problemas sociais não podem ser resolvidos apenas por procedimentos intelectuais ou ações políticas. Falo agora do grande problema de despertar, uma vez mais, a capacidade perdida de entender e moldar a forma com a ajuda da educação geral de cada indivíduo.

Pensemos naqueles imponderáveis efeitos estéticos de velhas cidades de culturas passadas, que até hoje possuem a força de tocar os nossos sentimentos, apesar de haverem perdido de há muito seu valor de utilidade. Esses imponderáveis indicam o que falta nas atuais cidades: aquela unidade de ordem e espírito que, expressa visivelmente por meio do espaço e da figura, permanece para sempre significativa.

Falta de Eco junto ao Público

Pode-se esperar de uma criança, nascida e criada na Main Street, que aprenda a buscar beleza? Jamais se deparou com ela e não saberia sequer onde procurá-la. Sua sensibilidade, desde o começo, foi atrofiada pelo mundo caótico de cores, formas e ruídos da propaganda moderna. Arma-se de apatia e, ao fim, torna-se o burguês indiferente insensível às impressões visuais, que não tem mais consciência sequer de seu ambiente medíocre. Muitas vezes o futuro cliente do arquiteto também proveio de tal ambiente e entendemos então por que raramente consegue ter mais do que uma vaga representação de seus deveres como proprietário da construção.

Os nossos magníficos instrumentos de produção nunca poderão transformar Main Street em um belo ambiente, se não forem confiados a mãos criadoras e se não fôr possível ciência e arte. Mas por onde começar? Pois o que precisamos não é apenas de um artista criador, mas também de um público compreensivo. Como consegui-lo? O único meio é um moroso processo educacional que transmita, desde a mais remota infância, uma vivência visual. Isto significa que já no jardim de infância deveríamos deixar que as crianças recriassem, no jogo imaginativo, o seu ambiente. Pois a participação ativa seria mais tarde a chave para o bom planejamento, porquanto fortalece o senso de responsabilidade individual que une uma comunidade, mobiliza seu poder de imaginação e desenvolve seu orgulho pelo ambiente que logrou criar. *Semelhante concepção educacional não consideraria o estudo teórico como um fim em si, mas como um recurso na experiência prática, esta sim, a única capaz de levar a uma posição e forma de pensar construtivas.* Qualquer pessoa que tenha passado por uma *praxis* educacional em que a preocupação de plasmar o mundo-ambiente fosse tida por um dever importante, constituirá um solo fecundo para estímulos ulteriores no mesmo sentido.

O planejador profissional é obrigado sempre, no seu trabalho cotidiano, a passar pela experiência que lhe indica ser a opinião pública ainda pouquíssimo aberta às vantagens da boa planificação. O burguês comum crê que sua liberdade pessoal seria podada, se recebesse instruções da administração pública. A tarefa de lhe explicar, sempre de novo, por que o planejamento comunal só lhe traz vantagem, pressupõe consideráveis aptidões psicológicas de parte do planejador. Dever-se-ia ministrar ao estudante de urbanismo um estudo psicológico sistemático dos "fundamentos políticos", para que lhe fosse dado entender as causas e efeitos das reações humanas. Isto o ajudaria a ter paciência, tato, dom de persuasão e compreensão para com o modo de pensar e a situação de outrem, instrumentos dos mais eficientes para seu trabalho de planificação. Levá-lo-ia também a tornar seus métodos tão flexíveis e alertas quanto os de um bom atleta, pronto a todo instante a adaptar-se a novas situações. Finalmente, daria ao estudante a oportunidade de criar um ponto de vista próprio e definitivo, que vá além da necessária instrução científica e estudo técnico.

Com muita freqüência deparamos hoje com uma arraigada tendência de evitar o planejamento em largas proporções e, em vez disso, justapor melhorias parciais desconexas, sem organicidade. Isto só pode mudar, se o senso do todo fôr cuidadosamente ensinado em todos os graus de formação, até tornar-se para cada um, sem que o saiba, algo evidente por si. Então poderíamos talvez chegar finalmente a uma reação em cadeia que nos conduzisse à solução de nossos deveres comuns.

Necessitamos de Estabelecimentos Experimentais

A concepção de um método de ensino, tal como apontei aqui, seria vantajosa também para o trabalho em grupo, que se desenvolverá sem dúvida por si só, dado o horizonte cada vez mais largo do conhecimento científico, do qual cada um de nós só pode dominar um pequeno setor. Para um homem só, o trabalho é por demais difícil. Após quase vinte e cinco anos de valioso labor de pesquisa e formulação teórica de nossas idéias para o planejamento, devemos por fim passar à realização ativa. Apesar de se haverem acumulado numerosas teorias acerca da organização do convívio humano, mal chegamos a qualquer experiência nova e prática. Não há outro caminho, senão construir corajosa e despreconcebidamente novos e práticos estabelecimentos experimentais, para depois investigar sistematicamente seu valor vital. Que riqueza de novos conhecimentos para sociólogos, economistas, cientistas e artistas, se equipes escolhidas entre os arquitetos e urbanistas mais capazes recebessem o encargo de realizar o projeto e a construção de novas "cidades-modelo". O resultado dessas experiências também forneceria valiosas bases para a solução do difícil problema do saneamento das cidades existentes. As dificuldades que temos de remover do caminho a fim de que possamos realmente edificar tais laboratórios experimentais, para a vida prática, são evidentemente de natureza política e jurídica. Sem o concurso da força da lei, esses planos ideais não passarão de símbolos de belos sonhos e impotência prática.

Nas localidades experimentais seria posto à prova o discutidíssimo problema de como conceder maior competência local na administração aos menores conjuntos autônomos. Pois qualquer medida, que favoreça a participação direta do munícipe na gestão de sua comunidade, contribui para uma solução orgânica do estabelecimento habitacional.

O Pendor para o Nomadismo

Lembro-me que, durante uma assembléia do Congresso Internacional de Arquitetura Moderna (CIAM), arquitetos europeus levantaram a questão de saber se os americanos seriam realmente alguma vez capazes de desenvolver planos para uma vida comunal sadia, em bases modernas, comparável às comunidades urbanas organicamente constituídas que dominavam o cenário europeu antes da introdução da máquina. Argumentou-se que o pendor para o nomadismo da população americana atuaria de forma tão perturbadora sobre a consistência da comunidade que só se poderia esperar soluções provisórias e que todo colorido local estava condenado a perder-se no quadro de uma população que, na caça ao dólar, flutuava tão irrequieta de um lado para o outro. Um dos americanos presentes* ao conclave responde ao desafio, relatando uma experiência pela qual passara pessoalmente, ao mudar-se, com a família, para uma pequena cidade do Vermont que sempre o atraíra. Sabia haver escolhido um lugar de colorido típico do Vermont, mais tarde porém constatou que a maioria dos habitantes, tal como ele mesmo, nascera e crescera alhures, e só depois, por pura simpatia, se fixara naquele lugar. Uma vez que foram para lá por inclinação, aceitaram o colorido local de um modo extraordinàriamente espontâneo. Esclareceu o debatente que, segundo a sua experiência, o jovem americano não gosta de permanecer na mesma cidade em que seus pais e avós viveram, como o europeu fez durante tantos séculos. O americano, pelo contrário, revolta-se quando é obrigado a isso. Se, por outro lado, lhe for dada a oportunidade de procurar e conhecer o maior número possível de regiões, então escolhe unicamente aquela que o atrai particularmente e depois se torna um cidadão com mais senso de responsabilidade e senso comunitário do que aqueles que nunca se mexeram de casa. Se imaginarmos agora o cidadão do futuro como um homem desejoso de dar sua contribuição para o bem da comunidade, onde quer que se estabeleça, ao invés de viver apenas à espreita da boa oportunidade para o rápido enriquecimento, talvez encontremos uma resposta para o assombroso problema de uma nação cujos habitantes quer queiram, quer não, se acham sempre na estrada.

A fim de promover um desenvolvimento sadio, deveremos conferir aos novos complexos habitacionais traços tão atraentes que o cidadão que venha a fazer parte deles se converta logo, de espectador, em partícipe ativo. Um efeito tão estimulante poderia, por exemplo, decorrer de uma campanha para a reconquista dos direitos do pedestre. Como todos nós sabemos, quase todo habitante da cidade é em parte automobilista e em parte pedestre; mas enquanto que tudo é feito em favor do automobilista e de seu veículo, o pedestre, com o desenvolvimento das enormes redes de

(*) Martin Meyerson, Professor-assistente de Urbanismo na Universidade de Pensilvânia.

vias para carros, que ameaçam fazer explodir nossas cidades, é cada vez mais encostado à parede. Daí por que hoje se tornou tão necessário criar uma rêde de trânsito para o pedestre, sem os riscos e independentemente das ruas de tráfego automobilístico. Em vez de começar e terminar em uma via principal de comunicação, a rede deveria levar a uma praça agradável, interditada aos autos, que servisse de coração e centro urbanos, local de troca de opiniões e de participação nos acontecimentos públicos. Aqui, nas relações cotidianas das pessoas, através do comércio e da recreação, da discussão e do bate-papo sobre as novidades locais e universais, forma-se a consciência política do cidadão. Semelhante praça central, que seduz por suas belas proporções adequadas ao homem, daria ao cidadão a sensação de pertinência e de orgulho. Ele seria estimulado a compartilhar da responsabilidade, a cumprir seus deveres políticos e a participar com interesse dos futuros planos de sua cidade. Uma atitude assim facilitaria muito a tarefa do urbanista. Desejaria quebrar uma lança em favor do moderno centro comunal, da praça pública, um órgão vital do modo de vida democrático.

Escala Humana para as Nossas Cidades

Estou dando tanta ênfase à pequena unidade independente com seu centro comunal, pois a obtenção de novos conhecimentos neste ponto também lançaria nova luz sobre os complicados problemas das cidades maiores e metrópoles. Isto ajudaria na tremenda tarefa de humanizá-las. Pois a solução desses problemas realmente não reside apenas na construção de novos núcleos urbanos e na descoordenada construção habitacional apressada. Só uma revisão radical do velho corpo da cidade pode transformá-lo novamente em organismo sadio. Todos nós sabemos que seus distritos obstruídos têm fome de áreas livres, de natureza, luz e ar, que seus habitantes desejam tornar-se indivíduos aceitos como tais, enquanto que, por outro lado, a própria cidade deve ser protegida das agressões do interesse individual. Não posso aqui estender-me em discussões sobre métodos sociais, políticos e econômicos, para atingir tais objetivos, mas gostaria de frisar que a metrópole, como unidade maior, também necessita de um planejamento sistemático. Como é que poderíamos reconstruir, no contexto social e físico da cidade, a medida humana tão cabalmente destruída? A análise sistemática e a experiência devem preceder, neste campo, o trabalho bem sucedido. O crescimento de um organismo vivo de cidade só poderá ser levado a uma forma superior pelo arquiteto e urbanista, se as novas funções sociais forem previstas através de uma nova legislação baseada em pesquisas anteriores. As leis existentes, em sua maioria, são antiquadas e insuficientes para as exigências da vida urbana do século XX. A maioria dos países até agora não conseguiu infundir mais ênfase à conexão do organismo comunal em conjunto, em vez das partes isoladas.

A Construção Habitacional não Basta

Se tentarmos avaliar as conquistas materiais na construção habitacional e no planejamento orgânico comunal no curso dos últimos vinte anos, poderemos dizer de sã consciência que, em muitos países, os projetos e as construções de casas unifamiliares e prédios de apartamentos melhoraram muito com respeito a seu nível cultural e valor residencial. Mas ainda não existe uma localidade-modelo, que nos pareça, no sentido físico como no organizacional, uma verdadeira e harmoniosa formação. Os modernos estabelecimentos habitacionais consistem em geral de uma simples adição de ruas e casas sem instalações comunais como locais de reunião, escolas, jardins de infância e centros de comércio, os quais, eles sim, fariam desse simples aglomerado quantitativo de casas um organismo planejado e apto a viver. Muitas vezes as casas isoladas são bonitas e baratas, mas o planejamento do conjunto restringe-se a uma enfadonha repetição, sem fantasia, de intermináveis fileiras de casas. Falta aqui, por completo, a centelha criadora, que confere à vida um sentido mais profundo e que, no passado, nos proporcionou exemplos tão grandiosos de beleza homogênea.

No atinente à concepção mesma da moradia moderna, devemos examinar primeiro nosso próprio modo de ver as questões humanas e psicológicas da vida doméstica e seus aspectos sempre cambiantes. Só uma pessoa amadurecida, com profunda compreensão das necessidades materiais e psicológicas de uma família, poderá projetar uma casa prática, barata, bonita e tão flexível que possa adaptar-se ao ciclo cambiante da vida da família, em todas as suas fases de crescimento.

Nosso Habitat

A maior responsabilidade, porém, que os nossos arquitetos e planejadores devem assumir, é a manutenção e o desenvolvimento de nosso ambiente, de nosso habitat. O homem encontra-se em relação recíproca com a natureza, mas o seu poder de modificar o quadro natural da superfície da terra tornou-se tão grande, que de uma bênção poderá converter-se em uma maldição. Como poderemos aceitar que um belo trato de paisagem após outro, devido a um simples processo de construção, seja destruído por tratores, aplanado e despojado de toda a sua vegetação, para que depois empresários o cubram de pequenas casas às quais se associam incontáveis postes telegráficos em lugar das árvores abatidas sem qualquer cuidado. A vegetação original e a irregularidade natural do terreno — ou por desatenção ou por interesses comerciais, ou simplesmente por irreflexão — são destruídos porque o empreiteiro de obras comum encara a terra como mercadoria comercial e sente-se autorizado a extrair o máximo proveito dela. *Enquanto não aprendermos a amar a terra, a respeitá-la como um bem a nós confiado, essa destruição prosseguirá.*

A paisagem que nos cerca é uma grande composição que consiste de trechos de espaço livre e de corpos que os limitam. Tais corpos podem ser prédios, pontes, árvores ou colinas. Toda configuração visível, seja ela natural ou construída pela mão humana, conta no efeito do conjunto dessa grande composição. Mesmo a mais despretensiosa construção utilitária, uma estrada ou uma ponte, é importante para a harmonia do efeito visual conjunto. E quem mais senão o arquiteto ou o urbanista está destinado a ser o guardião responsável por nosso mais precioso patrimônio, a nossa paisagem natural, cuja beleza e harmonia é fonte de inspiração e satisfação para a alma? Na pressa e burburinho em que deixamos tanger a nossa vida, o que precisamos com mais urgência é uma fonte onipresente de regeneração e esta só pode provir da própria natureza. Sob as árvores, o homem da cidade pode esquecer seus cuidados e entregar-se à bênção de uma pausa recriadora.

O arquiteto ou urbanista, digno desse nome, deve dispor de visão e fantasia a fim de chegar a uma verdadeira síntese para a cidade do futuro cuja concretização eu gostaria de chamar "arquitetura total". Para alcançar semelhante altitude de trabalho, é mister que tenha a paixão do amante e a boa vontade respeitosa de cooperar com outrem. Pois, por mais notável que seja, ele não pode levar a cabo sozinho esta tarefa. A unidade da expressão arquitetônica regional, que todos nós tanto desejamos, dependerá, em grande escala, na minha opinião, do desenvolvimento do trabalho criativo do grupo.

Depois que cessou por fim nossa caça doentia aos "estilos", nossos hábitos e princípios começam a tomar feições uniformes, que refletem a verdadeira essência do século XX. *Começamos a conceber que o design de nosso mundo-ambiente não depende da aplicação de uma série de fórmulas estéticas, preestabelecidas, e sim de um processo contínuo de crescimento interior, que recria constantemente a verdade ao serviço da humanidade.*

ARQUITETURA NA PERSPECTIVA

Quadro da Arquitetura no Brasil
   Nestor Goulart Reis Filho (D018)
Bauhaus: Novarquitetura
   Walter Gropius (D047)
Morada Paulista
   Luís Saia (D063)
A Arte na Era da Máquina
   Maxwell Fry (D071)
Cozinhas, Etc.
   Carlos A. C. Lemos (D094)
Vila Rica
   Sylvio de Vasconcellos (D100)
Território da Arquitetura
   Vittorio Gregotti (D111)
Teoria e Projeto na Primeira Era da Máquina
   Reyner Banham (D113)
Arquitetura, Industrialização e Desenvolvimento
   Paulo J. V. Bruna (D135)
A Construção do Sentido na Arquitetura
   J. Teixeira Coelho Netto (D144)
Arquitetura Italiana em São Paulo
   Anita Salmoni e Emma Debenedetti (D173)
A Cidade e o Arquiteto
   Leonardo Benevolo (D190)
Conversas com Gaudí
   Cesar Martinell Brunet (D307)
Por Uma Arquitetura
   Le Corbusier (E027)

Espaço da Arquitetura
   Evaldo Coutinho (E059)
Arquitetura Pós-Industrial
   Raffaele Raja (E118)
A Casa Subjetiva
   Ludmila de Lima Brandão (E181)
Arquitetura e Judaísmo: Mendelsohn
   Bruno Zevi (E187)
A Casa de Adão no Paraíso
   Joseph Rykwert (E189)
Pós-Brasília: Rumos da Arquitetura Brasileira
   Maria Alice J. Bastos (E190)
A Idéia de Cidade
   Joseph Rykwert (E234)
Interior da História
   Marina Waisman (E308)
Espaço (Meta)Vernacular na Cidade Contemporânea
   Marisa Barda (K26)
História da Arquitetura Moderna
   Leonardo Benevolo (LSC)
Arquitetura Contemporânea no Brasil
   Yves Bruand (LSC)
História da Cidade
   Leonardo Benevolo (LSC)
Brasil: Arquiteturas Após 1950
   Maria Alice Junqueira Bastos e Ruth Verde Zein (LSC)

Este livro foi impresso na cidade de Cotia,
nas oficinas da Meta Brasil,
para a Editora Perspectiva.